Travel phrasebooks collection
«Everything Will Be Okay!»

T&P Books Publishing

PHRASEBOOK

– ESTONIAN –

By Andrey Taranov

THE MOST IMPORTANT PHRASES

This phrasebook contains
the most important
phrases and questions
for basic communication
Everything you need
to survive overseas

D0913338

Phrasebook + 3000-word dictionary

English-Estonian phrasebook & topical vocabulary

By Andrey Taranov

The collection of "Everything Will Be Okay" travel phrasebooks published by T&P Books is designed for people traveling abroad for tourism and business. The phrasebooks contain what matters most - the essentials for basic communication. This is an indispensable set of phrases to "survive" while abroad.

This book also includes a small topical vocabulary that contains roughly 3,000 of the most frequently used words. Another section of the phrasebook provides a gastronomical dictionary that may help you order food at a restaurant or buy groceries at the store.

T&P Books Publishing
www.tpbooks.com

ISBN: 978-1-78716-263-1

This book is also available in E-book formats.
Please visit www.tpbooks.com or the major online bookstores.

FOREWORD

The collection of "Everything Will Be Okay" travel phrasebooks published by T&P Books is designed for people traveling abroad for tourism and business. The phrasebooks contain what matters most - the essentials for basic communication. This is an indispensable set of phrases to "survive" while abroad.

This phrasebook will help you in most cases where you need to ask something, get directions, find out how much something costs, etc. It can also resolve difficult communication situations where gestures just won't help.

This book contains a lot of phrases that have been grouped according to the most relevant topics. The edition also includes a small vocabulary that contains roughly 3,000 of the most frequently used words. Another section of the phrasebook provides a gastronomical dictionary that may help you order food at a restaurant or buy groceries at the store.

Take "Everything Will Be Okay" phrasebook with you on the road and you'll have an irreplaceable traveling companion who will help you find your way out of any situation and teach you to not fear speaking with foreigners.

TABLE OF CONTENTS

T&P Books Publishing

PRONUNCIATION

Letter	Estonian example	T&P phonetic alphabet	English example

Vowels

Letter	Estonian example	T&P phonetic alphabet	English example
a	vana	[ɑ]	shorter than in park, card
aa	poutaa	[ɑː]	father, answer
e	ema	[e]	elm, medal
ee	Ameerika	[eː]	longer than in bell
i	ilus	[i]	shorter than in feet
ii	viia	[iː]	feet, meter
o	orav	[o]	pod, John
oo	antiloop	[oː]	fall, bomb
u	surma	[u]	book
uu	arbuus	[uː]	pool, room
õ	võõras	[ɔu]	rose, window
ä	pärn	[æ]	chess, man
ö	köha	[ø]	eternal, church
ü	üks	[y]	fuel, tuna

Consonants

Letter	Estonian example	T&P phonetic alphabet	English example
b	tablett	[b]	baby, book
d	delfiin	[d]	day, doctor
f	faasan	[f]	face, food
g	flamingo	[g]	game, gold
h	haamer	[h]	home, have
j	harjumus	[j]	yes, New York
k	helikopter	[k]	clock, kiss
l	ingel	[l]	lace, people
m	magnet	[m]	magic, milk
n	nöör	[n]	name, normal
p	poolsaar	[p]	pencil, private
r	ripse	[r]	rice, radio
s	sõprus	[s]	city, boss
š	šotlane	[ʃ]	machine, shark
t	tantsima	[t]	tourist, trip
v	pilves	[ʋ]	vase, winter

Letter	Estonian example	T&P phonetic alphabet	English example
z	zookauplus	[z]	zebra, please
ž [1]	žonglöör	[ʒ]	sharp, azure

Comments

[1] in loanwords only

LIST OF ABBREVIATIONS

English abbreviations

ab.	-	about
adj	-	adjective
adv	-	adverb
anim.	-	animate
as adj	-	attributive noun used as adjective
e.g.	-	for example
etc.	-	et cetera
fam.	-	familiar
fem.	-	feminine
form.	-	formal
inanim.	-	inanimate
masc.	-	masculine
math	-	mathematics
mil.	-	military
n	-	noun
pl	-	plural
pron.	-	pronoun
sb	-	somebody
sing.	-	singular
sth	-	something
v aux	-	auxiliary verb
vi	-	intransitive verb
vi, vt	-	intransitive, transitive verb
vt	-	transitive verb

ESTONIAN
PHRASEBOOK

This section contains
important phrases that may
come in handy in various
real-life situations.
The phrasebook will help
you ask for directions, clarify
a price, buy tickets, and
order food at a restaurant

T&P Books Publishing

PHRASEBOOK CONTENTS

T&P Books Publishing

The bare minimum

Excuse me, ...	**Vabandage, ...** [ʋabandage, ...]
Hello.	**Tere.** [tere]
Thank you.	**Aitäh.** [aitæh]
Good bye.	**Nägemist.** [næɡemisʲt]
Yes.	**Jah.** [jah]
No.	**Ei.** [ej]
I don't know.	**Ma ei tea.** [ma ej tea]
Where?	Where to?	When?	**Kus?	Kuhu?	Millal?** [kus?	kuhu?	milʲæl?]

I need ...	**Mul on ... vaja** [mulʲ on ... ʋaja]
I want ...	**Ma tahan ...** [ma tahan ...]
Do you have ...?	**Kas teil on ... ?** [kas tejlʲ on ... ?]
Is there a ... here?	**Kas siin on kusagil ... ?** [kas siːn on kusaɡilʲ ... ?]
May I ...?	**Kas ma tohin ...?** [kas ma tohin ...?]
..., please (polite request)	**Palun, ...** [palun, ...]

I'm looking for ...	**Ma otsin ...** [ma otsin ...]
restroom	**tualetti** [tualetti]
ATM	**pangaautomaati** [panɡaːutomaːti]
pharmacy (drugstore)	**apteeki** [apteːki]
hospital	**haiglat** [haiglat]
police station	**politseijaoskonda** [politsejjaoskonda]
subway	**metroojaama** [metroːjaːma]

taxi	**taksot** [taksot]
train station	**raudteejaama** [raudte:ja:ma]

My name is ...	**Minu nimi on ...** [minu nimi on ...]
What's your name?	**Mis teie nimi on?** [mis teje nimi on?]
Could you please help me?	**Palun aidake mind.** [palun aidake mind]
I've got a problem.	**Ma vajan teie abi.** [ma vajan teje abi]
I don't feel well.	**Mul on halb olla.** [mulʲ on halʲb olʲæ]
Call an ambulance!	**Kutsuge kiirabi!** [kutsuge ki:rabi!]
May I make a call?	**Kas ma tohin helistada?** [kas ma tohin helisʲtada?]

I'm sorry.	**Vabandage.** [vabandage]
You're welcome.	**Tänan.** [tænan]

I, me	**mina, ma** [mina, ma]
you (inform.)	**sina, sa** [sina, sa]
he	**tema, ta** [tema, ta]
she	**tema, ta** [tema, ta]
they (masc.)	**nemad, nad** [nemad, nat]
they (fem.)	**nemad, nad** [nemad, nat]
we	**meie, me** [meje, me]
you (pl)	**teie, te** [teje, te]
you (sg, form.)	**teie** [teje]

ENTRANCE	**SISSEPÄÄS** [sissepæ:s]
EXIT	**VÄLJAPÄÄS** [væljapæ:s]
OUT OF ORDER	**EI TÖÖTA** [ej tø:ta]
CLOSED	**SULETUD** [suletut]

OPEN

AVATUD
[avatut]

FOR WOMEN

NAISTE
[naisˈte]

FOR MEN

MEESTE
[meːsˈte]

Questions

Where?	**Kus?** [kus?]
Where to?	**Kuhu?** [kuhu?]
Where from?	**Kust?** [kusʲt?]
Why?	**Miks?** [miks?]
For what reason?	**Milleks?** [milʲeks?]
When?	**Millal?** [milʲæl?]

How long?	**Kui kaua?** [kui kaua?]
At what time?	**Mis ajal?** [mis ajal?]
How much?	**Kui palju maksab?** [kui palju maksab?]
Do you have ...?	**Kas teil on ...?** [kas tejlʲ on ...?]
Where is ...?	**Kus asub ...?** [kus asub ...?]

What time is it?	**Mis kell on?** [mis kelʲ on?]
May I make a call?	**Kas ma tohin helistada?** [kas ma tohin helisʲtada?]
Who's there?	**Kes seal on?** [kes sealʲ on?]
Can I smoke here?	**Kas tohin siin suitsetada?** [kas tohin si:n suitsetada?]
May I ...?	**Kas ma tohin ...?** [kas ma tohin ...?]

Needs

I'd like ...	**Ma tahaksin ...** [ma tahaksin ...]
I don't want ...	**Ma ei taha ...** [ma ej taha ...]
I'm thirsty.	**Mul on janu.** [mulʲ on janu]
I want to sleep.	**Ma tahan magada.** [ma tahan magada]

I want ...	**Ma tahan ...** [ma tahan ...]
to wash up	**käsi pesta** [kæsi pesʲta]
to brush my teeth	**hambaid pesta** [hambait pesʲta]
to rest a while	**veidi puhata** [ʋejdi puhata]
to change my clothes	**riideid vahetada** [riːdejt ʋahetada]

to go back to the hotel	**hotelli tagasi minna** [hotelʲi tagasi minna]
to buy ...	**osta ...** [osʲta ...]
to go to ...	**minna ...** [minna ...]
to visit ...	**külastada ...** [kʉlasʲtada ...]
to meet with ...	**kohtuda ...** [kohtuda ...]
to make a call	**helistada** [helisʲtada]

I'm tired.	**Ma olen väsinud.** [ma olen ʋæsinud]
We are tired.	**Me oleme väsinud.** [me oleme ʋæsinud]
I'm cold.	**Mul on külm.** [mulʲ on kʉlʲm]
I'm hot.	**Mul on palav.** [mulʲ on palaʋ]
I'm OK.	**Ma tunnen ennast hästi.** [ma tunnen ennasʲt hæsʲti]

I need to make a call.

Mul on vaja helistada.
[mulʲ on ʋaja helisʲtada]

I need to go to the restroom.

Pean tualetti minema.
[pean tualetti minema]

I have to go.

Ma pean lahkuma.
[ma pean lahkuma]

I have to go now.

Ma pean nüüd lahkuma.
[ma pean nɯ:t lahkuma]

Asking for directions

Excuse me, ...	**Vabandage, ...** [vabandage, ...]
Where is ...?	**Kus asub ...?** [kus asub ...?]
Which way is ...?	**Kuspool asub ...?** [kuspo:lʲ asub ...?]
Could you help me, please?	**Palun, kas aitaksite mind?** [palun, kas aitaksite mind?]

I'm looking for ...	**Ma otsin ...** [ma otsin ...]
I'm looking for the exit.	**Ma otsin väljapääsu.** [ma otsin vælʲjapæ:su]
I'm going to ...	**Ma sõidan ...** [ma sɜidan ...]
Am I going the right way to ...?	**Kas ma lähen õiges suunas, et jõuda ...?** [kas ma lʲæhen ɜiges su:nas, et jɜuda ...?]

Is it far?	**Kas see on kaugel?** [kas se: on kaugel?]
Can I get there on foot?	**Kas ma saan sinna jalgsi minna?** [kas ma sa:n sinna jalʲgsi minna?]
Can you show me on the map?	**Palun näidake mulle seda kaardil.** [palun næjdake mulʲe seda ka:rdil]
Show me where we are right now.	**Näidake mulle, kus me praegu asume.** [næjdake mulʲe, kus me praegu asume]

Here	**Siin** [si:n]
There	**Seal** [sealʲ]
This way	**Siia** [si:a]

Turn right.	**Keerake paremale.** [ke:rake paremale]
Turn left.	**Keerake vasakule.** [ke:rake vasakule]
first (second, third) turn	**esimesel (teisel, kolmandal) ristmikul** [esimeselʲ (tejselʲ, kolʲmandalʲ) risʲtmikulʲ]
to the right	**paremale** [paremale]

to the left	**vasakule** [ʋasakule]
Go straight ahead.	**Minge otse edasi.** [minge otse edasi]

Signs

WELCOME!	**TERE TULEMAST!** [tere tulemasʲt!]
ENTRANCE	**SISSEPÄÄS** [sissepæ:s]
EXIT	**VÄLJAPÄÄS** [ʋæljapæ:s]

PUSH	**LÜKAKE** [lʉkake]
PULL	**TÕMMAKE** [tɜmmake]
OPEN	**AVATUD** [aʋatut]
CLOSED	**SULETUD** [suletut]

FOR WOMEN	**NAISTE** [naisʲte]
FOR MEN	**MEESTE** [me:sʲte]
GENTLEMEN, GENTS (m)	**MEESTI TUALETT** [me:sʲti tualett]
WOMEN (f)	**NAISTE TUALETT** [naisʲte tualett]

DISCOUNTS	**ALLAHINDLUS** [alʲæhintlus]
SALE	**ODAV VÄLJAMÜÜK** [odaʋ ʋæljamʉ:k]
FREE	**TASUTA** [tasuta]
NEW!	**UUS!** [u:sʲ!]
ATTENTION!	**TÄHELEPANU!** [tæhelepanu!]

NO VACANCIES	**VABU KOHTI POLE** [ʋabu kohti pole]
RESERVED	**RESERVEERITUD** [reserʋe:ritut]
ADMINISTRATION	**ADMINISTRATSIOON** [adminisʲtratsio:n]
STAFF ONLY	**AINULT PERSONALILE** [ainulʲt personalile]

BEWARE OF THE DOG!	**KURI KOER!** [kuri koer!]
NO SMOKING!	**SUITSETAMINE KEELATUD!** [suitsetamine ke:latud!]
DO NOT TOUCH!	**MITTE PUUDUTADA!** [mitte pu:dutada!]
DANGEROUS	**OHTLIK** [ohtlik]
DANGER	**OHT** [oht]
HIGH VOLTAGE	**KÕRGEPINGE** [kɜrgepinge]
NO SWIMMING!	**UJUMINE KEELATUD!** [ujumine ke:latud!]

OUT OF ORDER	**EI TÖÖTA** [ej tø:ta]
FLAMMABLE	**TULEOHTLIK** [tuleohtlik]
FORBIDDEN	**KEELATUD** [ke:latut]
NO TRESPASSING!	**LOATA SISENEMINE KEELATUD!** [loata sisenemine ke:latud!]
WET PAINT	**VÄRSKE VÄRV** [ʋærske ʋærʋ]

CLOSED FOR RENOVATIONS	**REMONDI TÕTTU SULETUD** [remondi tɜttu suletut]
WORKS AHEAD	**EES ON TEETÖÖD** [e:s on te:tø:t]
DETOUR	**ÜMBERSÕIT** [ʉmbersɜit]

Transportation. General phrases

plane	**lennuk** [lennuk]
train	**rong** [rong]
bus	**buss** [bus]
ferry	**parvlaev** [parʋlaeʋ]
taxi	**takso** [takso]
car	**auto** [auto]

schedule	**sõiduplaan** [sɜidupla:n]
Where can I see the schedule?	**Kus ma saaksin sõiduplaani näha?** [kus ma sa:ksin sɜidupla:ni næha?]
workdays (weekdays)	**tööpäevad, argipäevad** [tø:pæeʋat, argipæeʋad]
weekends	**nädalalõpud** [nædalalɜput]
holidays	**riigipühad** [ri:gipʉhat]

DEPARTURE	**väljalend** [ʋæljalent]
ARRIVAL	**saabumine** [sa:bumine]
DELAYED	**edasi lükatud** [edasi lʉkatut]
CANCELLED	**tühistatud** [tʉhisˈtatut]

next (train, etc.)	**järgmine (rong jms)** [jærgmine]
first	**esimene** [esimene]
last	**viimane** [ʋi:mane]

When is the next ...?	**Millal järgmine ... tuleb?** [milˈælʲ jærgmine ... tuleb?]
When is the first ...?	**Millal esimene ... väljub?** [milˈælʲ esimene ... ʋæljub?]

When is the last …?

transfer (change of trains, etc.)

to make a transfer

Do I need to make a transfer?

Millal väljub viimane …?
[mil'æl' υæljub υi:mane …?]

ümberistumine
[ʉmberis'tumine]

ümber istuma
[ʉmber is'tuma]

Kas ma pean ümber istuma?
[kas ma pean ʉmber is'tuma?]

Buying tickets

Where can I buy tickets?	**Kust ma saan pileteid osta?** [kusʲt ma saːn piletejt osʲta?]
ticket	**pilet** [pilet]
to buy a ticket	**piletit osta** [piletit osʲta]
ticket price	**piletihind** [piletihint]

Where to?	**Kuhu?** [kuhu?]
To what station?	**Millise jaamani?** [milʲise jaːmani?]
I need ...	**Mul on ... vaja** [mulʲ on ... ʋaja]
one ticket	**ühe pileti** [ʉhe pileti]
two tickets	**kaks piletit** [kaks piletit]
three tickets	**kolm piletit** [kolʲm piletit]

one-way	**üheotsa** [ʉheotsa]
round-trip	**edasi-tagasi** [edasi-tagasi]
first class	**esimene klass** [esimene klass]
second class	**teine klass** [tejne klas]

today	**täna** [tæna]
tomorrow	**homme** [homme]
the day after tomorrow	**ülehomme** [ʉlehomme]
in the morning	**hommikul** [hommikulʲ]
in the afternoon	**pärastlõunal** [pærasʲtlɜunalʲ]
in the evening	**õhtul** [ɜhtulʲ]

aisle seat	**vahekäigupoolne koht**
	[vahekæjgupo:lʲne koht]
window seat	**aknaalune koht**
	[akna:lune koht]
How much?	**Kui palju?**
	[kui palʲu?]
Can I pay by credit card?	**Kas ma saan tasuda maksekaardiga?**
	[kas ma sa:n tasuda makseka:rdiga?]

Bus

bus	**buss** [bus]
intercity bus	**linnadevaheline buss** [linnadeuaheline bus]
bus stop	**bussipeatus** [bussipeatus]
Where's the nearest bus stop?	**Kus asub lähim bussipeatus?** [kus asub lʲæhim bussipeatus?]

number (bus ~, etc.)	**number (bussi vm)** [number]
Which bus do I take to get to ...?	**Milline buss sõidab ...?** [milʲine buss sɜidab ...?]
Does this bus go to ...?	**Kas ma saan selle bussiga ...?** [kas ma sa:n selʲe bussiga ...?]
How frequent are the buses?	**Kui sageli bussid käivad?** [kui sageli bussit kæjuad?]

every 15 minutes	**iga veerand tunni järel** [iga ue:rant tunni jærelʲ]
every half hour	**iga poole tunni järel** [iga po:le tunni jærelʲ]
every hour	**iga tunni järel** [iga tunni jærelʲ]
several times a day	**mitu korda päevas** [mitu korda pæeuas]
... times a day	**... korda päevas** [... korda pæeuas]

schedule	**sõiduplaan** [sɜidupla:n]
Where can I see the schedule?	**Kus ma saaksin sõiduplaani näha?** [kus ma sa:ksin sɜidupla:ni næha?]
When is the next bus?	**Millal järgmine buss tuleb?** [milʲælʲ jærgmine bus tuleb?]
When is the first bus?	**Millal esimene buss väljub?** [milʲælʲ esimene bus uæljub?]
When is the last bus?	**Millal viimane buss väljub?** [milʲælʲ ui:mane bus uæljub?]

stop	**peatus** [peatus]
next stop	**järgmine peatus** [jærgmine peatus]

last stop (terminus)

viimane peatus, lõpp-peatus
[ui:mane peatus, lɜpp-peatus]

Stop here, please.

Palun pidage siin kinni.
[palun pidage si:n kinni]

Excuse me, this is my stop.

Vabandage, minu peatus on siin.
[uabandage, minu peatus on si:n]

Train

train	**rong** [rong]
suburban train	**linnalähirong** [linnalʲæhirong]
long-distance train	**rong** [rong]
train station	**raudteejaam** [raudteːjaːm]
Excuse me, where is the exit to the platform?	**Vabandage, kust pääseb perroonile?** [ʋabandage, kusʲt pæːseb perroːnile?]
Does this train go to ...?	**Kas see rong sõidab ...?** [kas seː rong sɜidab ...?]
next train	**järgmine rong** [jærgmine rong]
When is the next train?	**Millal järgmine rong tuleb?** [milʲælʲ jærgmine rong tuleb?]
Where can I see the schedule?	**Kus ma saaksin sõiduplaani näha?** [kus ma saːksin sɜidupla:ni næha?]
From which platform?	**Milliselt perroonilt?** [milʲiselʲt perroːnilʲt?]
When does the train arrive in ...?	**Millal see rong jõuab ...?** [milʲælʲ seː rong jɜuab ...?]
Please help me.	**Palun aidake mind.** [palun aidake mind]
I'm looking for my seat.	**Ma otsin oma kohta.** [ma otsin oma kohta]
We're looking for our seats.	**Me otsime oma kohti.** [me otsime oma kohti]
My seat is taken.	**Minu koht on hõivatud.** [minu koht on hɜiʋatud]
Our seats are taken.	**Meie kohad on hõivatud.** [meje kohat on hɜiʋatud]
I'm sorry but this is my seat.	**Vabandage, see on minu koht.** [ʋabandage, seː on minu koht]
Is this seat taken?	**Kas see koht on vaba?** [kas seː koht on ʋaba?]
May I sit here?	**Kas ma tohin siia istuda?** [kas ma tohin siːa isʲtuda?]

On the train. Dialogue (No ticket)

Ticket, please.

Palun esitage oma pilet.
[palun esitage oma pilet]

I don't have a ticket.

Mul ei ole piletit.
[mulʲ ej ole piletit]

I lost my ticket.

Ma olen oma pileti ära kaotanud.
[ma olen oma pileti æra kaotanud]

I forgot my ticket at home.

Unustasin pileti koju.
[unusʲtasin pileti koju]

You can buy a ticket from me.

Te saate osta pileti minu käest.
[te saːte osʲta pileti minu kæesʲt]

You will also have to pay a fine.

Te peate maksma ka trahvi.
[te peate maksma ka trahvi]

Okay.

Hea küll.
[hea kʉlʲ]

Where are you going?

Kuhu te sõidate?
[kuhu te sɜidate?]

I'm going to ...

Ma sõidan ...
[ma sɜidan ...]

How much? I don't understand.

Kui palju? Ma ei saa aru.
[kui palju? ma ej saː aru]

Write it down, please.

Palun kirjutage see üles.
[palun kirjutage seː ʉles]

Okay. Can I pay with a credit card?

Hea küll. Kas ma saan tasuda maksekaardiga?
[hea kʉlʲ kas ma saːn tasuda makseka:rdiga?]

Yes, you can.

Jah, saate.
[jah, saːte]

Here's your receipt.

Siin on teie kviitung.
[siːn on teje kʉiːtung]

Sorry about the fine.

Kahju, et pidite trahvi maksma.
[kahju, et pidite trahvi maksma]

That's okay. It was my fault.

Pole hullu. Oma viga.
[pole hulʲu oma viga]

Enjoy your trip.

Head reisi.
[heat rejsi]

Taxi

taxi	**takso** [takso]
taxi driver	**taksojuht** [taksojuht]
to catch a taxi	**taksot püüdma** [taksot pʉːdma]
taxi stand	**taksopeatus** [taksopeatus]
Where can I get a taxi?	**Kust ma saan takso võtta?** [kusʲt ma saːn takso ʊɜtta?]
to call a taxi	**kutsuge takso välja** [kutsuge takso ʊælja]
I need a taxi.	**Ma soovin taksot.** [ma soːʊin taksot]
Right now.	**Kohe praegu.** [kohe praegu]
What is your address (location)?	**Öelge oma aadress?** [øelʲge oma aːdress?]
My address is ...	**Minu aadress on ...** [minu aːdres on ...]
Your destination?	**Kuhu te soovite sõita?** [kuhu te soːʊite sɜita?]
Excuse me, ...	**Vabandage, ...** [ʊabandage, ...]
Are you available?	**Kas te olete vaba?** [kas te olete ʊaba?]
How much is it to get to ...?	**Kui palju läheb maksma sõit ...?** [kui palʲju lʲæheb maksma sɜit ...?]
Do you know where it is?	**Kas te teate, kus see asub?** [kas te teate, kus seː asub?]
Airport, please.	**Palun viige mind lennujaama.** [palun ʊiːge mint lennujaːma]
Stop here, please.	**Palun peatuge siin.** [palun peatuge siːn]
It's not here.	**See ei ole siin.** [seː ej ole siːn]
This is the wrong address.	**See on vale aadress.** [seː on ʊale aːdress]
Turn left.	**Keerake vasakule.** [keːrake ʊasakule]
Turn right.	**Keerake paremale.** [keːrake paremale]

How much do I owe you?

Palju ma teile võlgnen?
[palju ma tejle ʋɜlʲgnen?]

I'd like a receipt, please.

Palun andke mulle kviitung.
[palun andke mulʲe kʋi:tung]

Keep the change.

Tagasi pole vaja.
[tagasi pole ʋaja]

Would you please wait for me?

Palun, kas te ootaksite mind?
[palun, kas te o:taksite mind?]

five minutes

viis minutit
[ʋi:s minutit]

ten minutes

kümme minutit
[kʉmme minutit]

fifteen minutes

viisteist minutit
[ʋi:sʲtejsʲt minutit]

twenty minutes

kakskümmend minutit
[kakskʉmment minutit]

half an hour

pool tundi
[po:lʲ tundi]

Hotel

Hello.	**Tere.** [tere]
My name is …	**Minu nimi on …** [minu nimi on …]
I have a reservation.	**Mul on koht kinni pandud.** [mulʲ on koht kinni pandud]

I need …	**Mul on … vaja** [mulʲ on … ʋaja]
a single room	**tuba ühele** [tuba ʉhele]
a double room	**tuba kahele** [tuba kahele]
How much is that?	**Palju see maksab?** [palju se: maksab?]
That's a bit expensive.	**See on kallivõitu.** [se: on kalʲiʋɜitu]

Do you have anything else?	**Kas teil on midagi muud pakkuda?** [kas tejlʲ on midagi mu:t pakkuda?]
I'll take it.	**Ma võtan selle.** [ma ʋɜtan selʲe]
I'll pay in cash.	**Ma maksan sularahas.** [ma maksan sularahas]

I've got a problem.	**Ma vajan teie abi.** [ma ʋajan teje abi]
My … is broken.	**Minu … on katki.** [minu … on katki]
My … is out of order.	**Minu … on rikkis.** [minu … on rikkis]
TV	**televiisor** [teleʋi:sor]
air conditioner	**kliimaseade** [kli:maseade]
tap	**kraan** [kra:n]

shower	**dušš** [duʃʃ]
sink	**kraanikauss** [kra:nikaus]
safe	**seif** [sejf]

door lock	**ukselukk** [ukselukk]
electrical outlet	**pistikupesa** [pisʲtikupesa]
hairdryer	**föön** [føːn]

I don't have ...	**Minu numbris ei ole ...** [minu numbris ej ole ...]
water	**vett** [vett]
light	**valgust** [valʲgusʲt]
electricity	**elektrit** [elektrit]

Can you give me ...?	**Palun, kas te tooksite mulle ...?** [palun, kas te toːksite mulʲe ...?]
a towel	**käterätiku** [kæterætiku]
a blanket	**teki** [teki]
slippers	**tuhvlid** [tuhvlit]
a robe	**hommikumantli** [hommikumantli]
shampoo	**šampooni** [ʃampoːni]
soap	**seepi** [seːpi]

I'd like to change rooms.	**Sooviksin tuba vahetada.** [soːviksin tuba vahetada]
I can't find my key.	**Ma ei leia oma võtit.** [ma ej leja oma vɜtit]
Could you open my room, please?	**Palun tehke mu tuba lahti?** [palun tehke mu tuba lahti?]
Who's there?	**Kes seal on?** [kes sealʲ on?]
Come in!	**Tulge sisse!** [tulʲge sisse!]
Just a minute!	**Palun oodake, kohe tulen!** [palun oːdake, kohe tulen!]
Not right now, please.	**Palun, mitte praegu.** [palun, mitte praegu]

Come to my room, please.	**Palun tulge minu tuppa.** [palun tulʲge minu tuppa]
I'd like to order food service.	**Sooviv tellida sööki numbrisse.** [soːviv telʲida søːki numbrisse]
My room number is ...	**Minu toanumber on ...** [minu toanumber on ...]

I'm leaving …

Ma lahkun …
[ma lahkun …]

We're leaving …

Me lahkume …
[me lahkume …]

right now

kohe praegu
[kohe praegu]

this afternoon

täna pärastlõunal
[tæna pærasˈtlɜunalʲ]

tonight

täna õhtul
[tæna ɜhtulʲ]

tomorrow

homme
[homme]

tomorrow morning

homme hommikul
[homme hommikulʲ]

tomorrow evening

homme õhtul
[homme ɜhtulʲ]

the day after tomorrow

ülehomme
[ʉlehomme]

I'd like to pay.

Soovin maksta.
[soːʋin maksʲta]

Everything was wonderful.

Kõik oli suurepärane.
[kɜik oli suːrepærane]

Where can I get a taxi?

Kust ma saan takso võtta?
[kusʲt ma saːn takso ʋɜtta?]

Would you call a taxi for me, please?

Palun kutsuge mulle takso?
[palun kutsuge mulʲe takso?]

Restaurant

Can I look at the menu, please?	**Palun tooge mulle menüü?** [palun to:ge mul'e menʉ:?]
Table for one.	**Laud ühele.** [laut ʉhele]
There are two (three, four) of us.	**Me oleme kahekesi (kolmekesi, neljakesi).** [me oleme kahekesi (kol'mekesi, neljakesi)]

Smoking	**Suitsetajatele** [suitsetajatele]
No smoking	**Mittesuitsetajatele** [mittesuitsetajatele]
Excuse me! (addressing a waiter)	**Vabandage!** [ʊabandage!]
menu	**menüü** [menʉ:]
wine list	**veinikaart** [ʊejnika:rt]
The menu, please.	**Palun menüü.** [palun menʉ:]

Are you ready to order?	**Kas olete valmis tellima?** [kas olete ʊal'mis tel'ima?]
What will you have?	**Mida te tellite?** [mida te tel'ite?]
I'll have ...	**Tooge palun ...** [to:ge palun ...]

I'm a vegetarian.	**Ma olen taimetoitlane.** [ma olen taimetojtlane]
meat	**liha** [liha]
fish	**kala** [kala]
vegetables	**köögivili** [kø:giʊili]
Do you have vegetarian dishes?	**Kas teil on taimetoitlastele mõeldud roogi?** [kas tejl' on taimetojtlas'tele mɜel'dut ro:gi?]
I don't eat pork.	**Ma ei söö sealiha.** [ma ej sø: sealiha]

He /she/ doesn't eat meat.

Tema ei söö liha.
[tema ej sø: liha]

I am allergic to …

Mul on allergia … vastu.
[mulʲ on alʲergia … vasʲtu]

Would you please bring me …

Palun tooge mulle …
[palun to:ge mulʲe …]

salt | pepper | sugar

soola | pipart | suhkrut
[so:la | pipart | suhkrut]

coffee | tea | dessert

kohvi | teed | magustoit
[kohui | te:t | magusʲtojt]

water | sparkling | plain

vett | mullivett | puhast vett
[uett | mulʲiuett | puhasʲt uett]

a spoon | fork | knife

lusikas | kahvel | nuga
[lusikas | kahuelʲ | nuga]

a plate | napkin

taldrik | salvrätik
[talʲdrik | salʲurætik]

Enjoy your meal!

Head isu!
[heat isu!]

One more, please.

Palun veel üks.
[palun ue:lʲ ʉks]

It was very delicious.

Oli väga maitsev.
[oli uæga maitseu]

---

check | change | tip

arve | raha tagasi | jootraha
[arue | raha tagasi | jo:traha]

Check, please.
(Could I have the check, please?)

Arve, palun.
[arue, palun]

Can I pay by credit card?

Kas ma saan tasuda maksekaardiga?
[kas ma sa:n tasuda makseka:rdiga?]

I'm sorry, there's a mistake here.

Vabandage, aga siin on midagi valesti.
[uabandage, aga si:n on midagi ualesʲti]

Shopping

Can I help you?	**Kuidas saan teid aidata?**
	[kuidas saːn tejt aidata?]
Do you have ...?	**Kas teil on ...?**
	[kas tejlʲ on ...?]
I'm looking for ...	**Ma otsin ...**
	[ma otsin ...]
I need ...	**Mul on ... vaja**
	[mulʲ on ... ʋaja]

I'm just looking.	**Ma ainult vaatan.**
	[ma ainulʲt ʋaːtan]
We're just looking.	**Me ainult vaatame.**
	[me ainulʲt ʋaːtame]
I'll come back later.	**Ma tulen hiljem tagasi.**
	[ma tulen hiljem tagasi]
We'll come back later.	**Me tuleme hiljem tagasi.**
	[me tuleme hiljem tagasi]
discounts | sale	**allahindlus | odav väljamüük**
	[alʲæhintlus | odaʋ ʋæljamɯːk]

Would you please show me ...	**Palun näidake mulle ...**
	[palun næjdake mulʲe ...]
Would you please give me ...	**Palun andke mulle ...**
	[palun andke mulʲe ...]
Can I try it on?	**Kas ma saaksin seda proovida?**
	[kas ma saːksin seda proːʋida?]
Excuse me, where's the fitting room?	**Vabandage, kus proovikabiin on?**
	[ʋabandage, kus proːʋikabiːn on?]
Which color would you like?	**Millist värvi te soovite?**
	[milʲisʲt ʋærʋi te soːʋite?]
size | length	**suurus | pikkus**
	[suːrus | pikkus]
How does it fit?	**Kas see sobib teile?**
	[kas seː sobib tejle?]

How much is it?	**Kui palju see maksab?**
	[kui palju seː maksab?]
That's too expensive.	**See on liiga kallis.**
	[seː on liːga kalʲis]
I'll take it.	**Ma võtan selle.**
	[ma ʋõtan selʲe]
Excuse me, where do I pay?	**Vabandage, kus ma tasuda saan?**
	[ʋabandage, kus ma tasuda saːn?]

Will you pay in cash or credit card?

Kas maksate sularahas või maksekaardiga?
[kas maksate sularahas või makseka:rdiga?]

In cash | with credit card

sularahas | maksekaardiga
[sularahas | makseka:rdiga]

Do you want the receipt?

Kas te kviitungit soovite?
[kas te kvi:tungit so:vite?]

Yes, please.

Jah, palun.
[jah, palun]

No, it's OK.

Ei, pole vaja.
[ej, pole vaja]

Thank you. Have a nice day!

Tänan teid. Kena päeva teile!
[tænan tejd. kena pææva tejle!]

In town

Excuse me, please.	**Vabandage, palun.** [ʋabandage, palun]
I'm looking for ...	**Ma otsin ...** [ma otsin ...]
the subway	**metroojaama** [metro:ja:ma]
my hotel	**oma hotelli** [oma hotelʲi]
the movie theater	**kino** [kino]
a taxi stand	**taksopeatust** [taksopeatusʲt]
an ATM	**pangaautomaati** [panga:utoma:ti]
a foreign exchange office	**valuutavahetuspunkti** [ʋalu:taʋahetuspunkti]
an internet café	**internetikohvikut** [internetikohʋikut]
... street	**... tänavat** [... tænaʋat]
this place	**seda kohta siin** [seda kohta si:n]
Do you know where ... is?	**Kas te teate, kus asub...?** [kas te teate, kus asub...?]
Which street is this?	**Mis selle tänava nimi on?** [mis selʲe tænaʋa nimi on?]
Show me where we are right now.	**Näidake mulle, kus me praegu oleme.** [næjdake mulʲe, kus me praegu oleme]
Can I get there on foot?	**Kas ma saan sinna jalgsi minna?** [kas ma sa:n sinna jalʲgsi minna?]
Do you have a map of the city?	**Kas teil on linna kaarti?** [kas tejlʲ on linna ka:rti?]
How much is a ticket to get in?	**Kui kallis pilet on?** [kui kalʲis pilet on?]
Can I take pictures here?	**Kas siin tohib pildistada?** [kas si:n tohib pilʲdisʲtada?]
Are you open?	**Kas te olete avatud?** [kas te olete aʋatud?]

When do you open?

Millal te avate?
[milʲælʲ te aᵘate?]

When do you close?

Millal te sulgete?
[milʲælʲ te sulʲgete?]

Money

money	**raha** [raha]
cash	**sularaha** [sularaha]
paper money	**paberraha** [paberraha]
loose change	**peenraha** [pe:nraha]
check | change | tip	**arve | raha tagasi | jootraha** [arʋe | raha tagasi | jo:traha]
credit card	**maksekaart, krediitkaart** [makseka:rt, kredi:tka:rt]
wallet	**rahakott** [rahakott]
to buy	**osta** [osʲta]
to pay	**maksta** [maksʲta]
fine	**trahv** [trahʋ]
free	**tasuta** [tasuta]
Where can I buy ...?	**Kust ma saan ... osta?** [kusʲt ma sa:n ... osʲta?]
Is the bank open now?	**Kas pank on praegu lahti?** [kas pank on praegu lahti?]
When does it open?	**Millal see avatakse?** [milʲælʲ se: aʋatakse?]
When does it close?	**Millal see suletakse?** [milʲælʲ se: suletakse?]
How much?	**Kui palju?** [kui palju?]
How much is this?	**Kui palju see maksab?** [kui palju se: maksab?]
That's too expensive.	**See on liiga kallis.** [se: on li:ga kalʲis]
Excuse me, where do I pay?	**Vabandage, kus ma saan maksta?** [ʋabandage, kus ma sa:n maksʲta?]
Check, please.	**Arve, palun.** [arʋe, palun]

Can I pay by credit card?

Kas ma saan tasuda maksekaardiga?
[kas ma sa:n tasuda maksekaːrdiga?]

Is there an ATM here?

Kas siin läheduses on pangautomaat?
[kas siːn lʲæheduses on pangautomaːt?]

I'm looking for an ATM.

Ma otsin pangautomaati.
[ma otsin pangautomaːti]

I'm looking for a foreign exchange office.

Ma otsin valuutavahetuspunkti.
[ma otsin ʋaluːtaʋahetuspunkti]

I'd like to change ...

Sooviksin vahetada ...
[soːʋiksin ʋahetada ...]

What is the exchange rate?

Milline on vahetuskurss?
[milʲine on ʋahetuskurss?]

Do you need my passport?

Kas vajate mu passi?
[kas ʋajate mu passi?]

Time

What time is it?	**Mis kell on?** [mis kelʲ on?]
When?	**Millal?** [milʲæl?]
At what time?	**Mis ajal?** [mis ajal?]
now | later | after …	**praegu | hiljem | pärast …** [praegu | hiljem | pærasʲt …]

one o'clock	**kell üks päeval** [kelʲ ʉks pæeʋalʲ]
one fifteen	**kell veerand kaks** [kelʲ ʋe:rant kaks]
one thirty	**kell pool kaks** [kelʲ po:lʲ kaks]
one forty-five	**kell kolmveerand kaks** [kelʲ kolʲmʋe:rant kaks]

one | two | three	**üks | kaks | kolm** [ʉks | kaks | kolʲm]
four | five | six	**neli | viis | kuus** [neli | ʋi:s | ku:s]
seven | eight | nine	**seitse | kaheksa | üheksa** [sejtse | kaheksa | ʉheksa]
ten | eleven | twelve	**kümme | üksteist | kaksteist** [kʉmme | ʉksʲtejsʲt | kaksʲtejsʲt]

in …	**… pärast** [… pærasʲt]
five minutes	**viie minuti** [ʋi:e minuti]
ten minutes	**kümne minuti** [kʉmne minuti]
fifteen minutes	**viieteistkümne minuti** [ʋi:etejsʲtkʉmne minuti]
twenty minutes	**kahekümne minuti** [kahekʉmne minuti]

half an hour	**poole tunni** [po:le tunni]
an hour	**tunni** [tunni]

in the morning	**hommikul** [hommikulʲ]
early in the morning	**varahommikul** [ʋarahommikulʲ]
this morning	**täna hommikul** [tæna hommikulʲ]
tomorrow morning	**homme hommikul** [homme hommikulʲ]

in the middle of the day	**keskpäeval** [keskpæeʋalʲ]
in the afternoon	**pärast lõunat** [pærasʲt lɜunat]
in the evening	**õhtul** [ɜhtulʲ]
tonight	**täna õhtul** [tæna ɜhtulʲ]

at night	**öösel** [ø:selʲ]
yesterday	**eile** [ejle]
today	**täna** [tæna]
tomorrow	**homme** [homme]
the day after tomorrow	**ülehomme** [ʉlehomme]

What day is it today?	**Mis päev täna on?** [mis pæeʋ tæna on?]
It's …	**Täna on …** [tæna on …]
Monday	**esmaspäev** [esmaspæeʋ]
Tuesday	**teisipäev** [tejsipæeʋ]
Wednesday	**kolmapäev** [kolʲmapæeʋ]

Thursday	**neljapäev** [neljapæeʋ]
Friday	**reede** [re:de]
Saturday	**laupäev** [laupæeʋ]
Sunday	**pühapäev** [pʉhapæeʋ]

Greetings. Introductions

Hello. | **Tere.**
[tere]

Pleased to meet you. | **Meeldiv kohtuda.**
[me:l'div kohtuda]

Me too. | **Minul samuti.**
[minul' samuti]

I'd like you to meet ... | **Saage tuttavaks, tema on ...**
[sa:ge tuttavaks, tema on ...]

Nice to meet you. | **Tore teiega kohtuda.**
[tore tejega kohtuda]

How are you? | **Kuidas käsi käib?**
[kuidas kæsi kæjb?]

My name is ... | **Minu nimi on ...**
[minu nimi on ...]

His name is ... | **Tema nimi on ...**
[tema nimi on ...]

Her name is ... | **Tema nimi on ...**
[tema nimi on ...]

What's your name? | **Mis teie nimi on?**
[mis teje nimi on?]

What's his name? | **Mis tema nimi on?**
[mis tema nimi on?]

What's her name? | **Mis tema nimi on?**
[mis tema nimi on?]

What's your last name? | **Mis teie perekonnanimi on?**
[mis teje perekonnanimi on?]

You can call me ... | **Te võite mind kutsuda ...**
[te võite mint kutsuda ...]

Where are you from? | **Kust te pärit olete?**
[kus't te pærit olete?]

I'm from ... | **Ma elan ...**
[ma elan ...]

What do you do for a living? | **Kellena te töötate?**
[kel'ena te tø:tate?]

Who is this? | **Kes see on?**
[kes se: on?]

Who is he? | **Kes tema on?**
[kes tema on?]

Who is she? | **Kes tema on?**
[kes tema on?]

Who are they?	**Kes nemad on?** [kes nemat on?]
This is …	**Tema on …** [tema on …]
my friend (masc.)	**minu sõber** [minu sɜber]
my friend (fem.)	**minu sõbranna** [minu sɜbranna]
my husband	**minu mees** [minu meːs]
my wife	**minu naine** [minu naine]

my father	**minu isa** [minu isa]
my mother	**minu ema** [minu ema]
my brother	**minu vend** [minu ʋent]
my sister	**minu õde** [minu ɜde]
my son	**minu poeg** [minu poeg]
my daughter	**minu tütar** [minu tʉtar]

This is our son.	**Tema on meie poeg.** [tema on meje poeg]
This is our daughter.	**Tema on meie tütar.** [tema on meje tʉtar]
These are my children.	**Nemad on minu lapsed.** [nemat on minu lapsed]
These are our children.	**Nemad on meie lapsed.** [nemat on meje lapsed]

Farewells

Good bye!	**Hüvasti!** [hɐʋasˈti!]
Bye! (inform.)	**Tšao! Pakaa!** [tʃao! pakaː!]
See you tomorrow.	**Homseni.** [homseni]
See you soon.	**Kohtumiseni.** [kohtumiseni]
See you at seven.	**Seitsme ajal näeme.** [sejtsme ajalʲ næeme]
Have fun!	**Veetke lõbusasti aega!** [ʋeːtke lɜbusasʲti aega!]
Talk to you later.	**Hiljem räägime.** [hiljem ræːgime]
Have a nice weekend.	**Meeldivat nädalavahetust teile.** [meːlʲdiʋat nædalaʋahetusʲt tejle]
Good night.	**Head ööd.** [heat øːd]
It's time for me to go.	**Ma pean lahkuma.** [ma pean lahkuma]
I have to go.	**Ma pean lahkuma.** [ma pean lahkuma]
I will be right back.	**Tulen kohe tagasi.** [tulen kohe tagasi]
It's late.	**Aeg on juba hiline.** [aeg on juba hiline]
I have to get up early.	**Pean hommikul vara tõusma.** [pean hommikulʲ ʋara tɜusma]
I'm leaving tomorrow.	**Ma lahkun homme.** [ma lahkun homme]
We're leaving tomorrow.	**Me lahkume homme.** [me lahkume homme]
Have a nice trip!	**Head reisi teile!** [heat rejsi tejle!]
It was nice meeting you.	**Oli meeldiv teiega kohtuda.** [oli meːlʲdiʋ tejega kohtuda]
It was nice talking to you.	**Oli meeldiv teiega suhelda.** [oli meːlʲdiʋ tejega suhelʲda]
Thanks for everything.	**Tänan kõige eest.** [tænan kɜige eːsʲt]

I had a very good time.	**Veetsin teiega meeldivalt aega.** [ʋeːtsin tejega meːlʲdiʋalʲt aega]
We had a very good time.	**Viitsime meeldivalt aega.** [ʋiːtsime meːlʲdiʋalʲt aega]
It was really great.	**Kõik oli suurepärane.** [kɜik oli suːrepærane]
I'm going to miss you.	**Ma hakkan teist puudust tundma.** [ma hakkan tejsʲt puːdusʲt tundma]
We're going to miss you.	**Me hakkame teist puudust tundma.** [me hakkame tejsʲt puːdusʲt tundma]
Good luck!	**Õnn kaasa!** [ɜnn kaːsa!]
Say hi to ...	**Tervitage ...** [terʋitage ...]

Foreign language

I don't understand.	**Ma ei saa aru.** [ma ej sa: aru]
Write it down, please.	**Palun kirjutage see üles.** [palun kirjutage se: ules]
Do you speak ...?	**Kas te räägite ...?** [kas te ræ:gite ...?]

I speak a little bit of ...	**Ma räägin natukene ... keelt** [ma ræ:gin natukene ... ke:lʲt]
English	**inglise** [inglise]
Turkish	**türgi** [tʉrgi]
Arabic	**araabia** [ara:bia]
French	**prantsuse** [prantsuse]

German	**saksa** [saksa]
Italian	**itaalia** [ita:lia]
Spanish	**hispaania** [hispa:nia]
Portuguese	**portugali** [portugali]
Chinese	**hiina** [hi:na]
Japanese	**jaapani** [ja:pani]

Can you repeat that, please.	**Palun korrake seda.** [palun korrake seda]
I understand.	**Ma saan aru.** [ma sa:n aru]
I don't understand.	**Ma ei saa aru.** [ma ej sa: aru]
Please speak more slowly.	**Palun rääkige aeglasemalt.** [palun ræ:kige aeglasemalʲt]

Is that correct? (Am I saying it right?)	**Kas nii on õige?** [kas ni: on ɜige?]
What is this? (What does this mean?)	**Mis see on?** [mis se: on?]

Apologies

Excuse me, please.	**Palun vabandust.** [palun ʋabandusʲt]
I'm sorry.	**Vabandage.** [ʋabandage]
I'm really sorry.	**Mul on tõesti kahju.** [mulʲ on tɜesʲti kahju]
Sorry, it's my fault.	**Andestust, minu süü.** [andesʲtusʲt, minu sʉ:]
My mistake.	**Minu viga.** [minu ʋiga]

May I ...?	**Kas ma tohin ...?** [kas ma tohin ...?]
Do you mind if I ...?	**Ega teil midagi selle vastu ole, kui ma ...?** [ega tejlʲ midagi selʲe ʋasʲtu ole, kui ma ...?]
It's OK.	**Kõik on korras.** [kɜik on korras]
It's all right.	**Kõik on korras.** [kɜik on korras]
Don't worry about it.	**Ärge muretsege.** [ærge muretsege]

Agreement

Yes. | **Jah.**
[jah]

Yes, sure. | **Jah, muidugi.**
[jah, muidugi]

OK (Good!) | **Nõus! Hästi!**
[nɜus! hæsʲti!]

Very well. | **Väga hästi.**
[ʋæga hæsʲti]

Certainly! | **Kindlasti!**
[kintlasʲti!]

I agree. | **Ma olen nõus.**
[ma olen nɜus]

That's correct. | **Õige.**
[ɜige]

That's right. | **Õigus.**
[ɜigus]

You're right. | **Teil on õigus.**
[tejlʲ on ɜigus]

I don't mind. | **Mina pole vastu.**
[mina pole ʋasʲtu]

Absolutely right. | **Täiesti õigus.**
[tæjesʲti ɜigus]

It's possible. | **See on võimalik.**
[se: on ʋɜimalik]

That's a good idea. | **Hea mõte.**
[hea mɜte]

I can't say no. | **Ma ei saa keelduda.**
[ma ej sa: ke:lʲduda]

I'd be happy to. | **Mul oleks hea meel.**
[mulʲ oleks hea me:l]

With pleasure. | **Hea meelega.**
[hea me:lega]

Refusal. Expressing doubt

No.	**Ei.** [ej]
Certainly not.	**Kindlasti mitte.** [kintlasʲti mitte]
I don't agree.	**Ma ei ole nõus.** [ma ej ole nɜus]
I don't think so.	**Mina nii ei arva.** [mina niː ej arʋa]
It's not true.	**See ei ole tõsi.** [seː ej ole tɜsi]
You are wrong.	**Te eksite.** [te eksite]
I think you are wrong.	**Arva, et teil pole õigus.** [arʋa, et tejlʲ pole ɜigus]
I'm not sure.	**Ma ei ole kindel.** [ma ej ole kindel]
It's impossible.	**See ei ole võimalik.** [seː ej ole ʋɜimalik]
Nothing of the kind (sort)!	**Mitte midagi taolist!** [mitte midagi taolisʲtʲ!]
The exact opposite.	**Otse vastupidi.** [otse ʋasʲtupidi]
I'm against it.	**Mina olen selle vastu.** [mina olen selʲe ʋasʲtu]
I don't care.	**Mul ükskõik.** [mulʲ ükskɜik]
I have no idea.	**Mul pole aimugi.** [mulʲ pole aimugi]
I doubt it.	**Kahtlen selles.** [kahtlen selʲes]
Sorry, I can't.	**Kahjuks ma ei saa.** [kahjuks ma ej saː]
Sorry, I don't want to.	**Vabandage, ma ei soovi.** [ʋabandage, ma ej soːʋi]
Thank you, but I don't need this.	**Tänan, aga ma ei taha seda.** [tænan, aga ma ej taha seda]
It's getting late.	**Aeg on hiline.** [aeg on hiline]

I have to get up early.

Pean hommikul vara tõusma.
[pean hommikulʲ ʋara tɜusma]

I don't feel well.

Mul on halb olla.
[mulʲ on halʲb olʲæ]

Expressing gratitude

Thank you.

Aitäh.
[aitæh]

Thank you very much.

Suur tänu teile.
[su:r tænu tejle]

I really appreciate it.

Olen teile selle eest tõesti tänulik.
[olen tejle selʲe e:sʲt tʒesʲti tænulik]

I'm really grateful to you.

Ma olen teile tõesti väga tänulik.
[ma olen tejle tʒesʲti ʋæga tænulik]

We are really grateful to you.

Me oleme teile tõesti väga tänulikud.
[me oleme tejle tʒesʲti ʋæga tænulikud]

Thank you for your time.

Tänan, et leidsite minu jaoks aega.
[tænan, et lejdsite minu jaoks aega]

Thanks for everything.

Tänan kõige eest.
[tænan kʒige e:sʲt]

Thank you for ...

Tänan teid ...
[tænan tejt ...]

your help

abi eest
[abi e:sʲt]

a nice time

meeldiva aja eest
[me:lʲdiʋa aja e:sʲt]

a wonderful meal

suurepärase eine eest
[su:repærase ejne e:sʲt]

a pleasant evening

meeldiva õhtu eest
[me:lʲdiʋa ʒhtu e:sʲt]

a wonderful day

suurepärase päeva eest
[su:repærase pæeʋa e:sʲt]

an amazing journey

hämmastava reisi eest
[hæmmasʲtaʋa rejsi e:sʲt]

Don't mention it.

Pole tänu väärt.
[pole tænu ʋæ:rt]

You are welcome.

Pole tänu väärt.
[pole tænu ʋæ:rt]

Any time.

Igal ajal.
[igalʲ ajal]

My pleasure.

Mul oli hea meel aidata.
[mulʲ oli hea me:lʲ aidata]

Forget it.

Unustage see. Kõik on korras.
[unusʲtage se:. kʒik on korras]

Don't worry about it.

Ärge muretsege.
[ærge muretsege]

Congratulations. Best wishes

Congratulations!   **Õnnitleme!**
[ɜnnitleme!]

Happy birthday!   **Palju õnne sünnipäevaks!**
[palju ɜnne sʉnnipæeʋaks!]

Merry Christmas!   **Häid jõule!**
[hæjt jɜule!]

Happy New Year!   **Head uut aastat!**
[heat uːt aːsʲtat!]

Happy Easter!   **Head ülestõusmispüha!**
[heat ʉlesʲtɜusmispʉha!]

Happy Hanukkah!   **Head Hannukad!**
[heat hannukad!]

I'd like to propose a toast.   **Lubage mul öelda toost.**
[lubage mulʲ øelʲda toːsʲt]

Cheers!   **Proosit!**
[proːsit!]

Let's drink to …!   **Võtame …!**
[ʋɜtame …!]

To our success!   **Meie edu terviseks!**
[meje edu terʋiseks!]

To your success!   **Teie edu terviseks!**
[teje edu terʋiseks!]

Good luck!   **Õnn kaasa!**
[ɜnn kaːsa!]

Have a nice day!   **Ilusat päeva teile!**
[ilusat pæeʋa tejle!]

Have a good holiday!   **Puhake kenasti!**
[puhake kenasʲti!]

Have a safe journey!   **Head reisi teile!**
[heat rejsi tejle!]

I hope you get better soon!   **Head paranemist!**
[heat paranemisʲt!]

Socializing

Why are you sad?	**Miks te kurb olete?** [miks te kurb olete?]
Smile! Cheer up!	**Naeratage! Pea püsti!** [naeratage! pea pʉsʲti!]
Are you free tonight?	**Kas te olete täna õhtul vaba?** [kas te olete tæna ɜhtulʲ ʋaba?]

May I offer you a drink?	**Kas tohin teile jooki pakkuda?** [kas tohin tejle joːki pakkuda?]
Would you like to dance?	**Kas sooviksite tantsida?** [kas soːʋiksite tantsida?]
Let's go to the movies.	**Ehk läheksime kinno.** [ehk lʲæheksime kinno]

May I invite you to ...?	**Kas tohin teid kutsuda ...?** [kas tohin tejt kutsuda ...?]
a restaurant	**restorani** [resʲtorani]
the movies	**kinno** [kinno]
the theater	**teatrisse** [teatrise]
go for a walk	**jalutama** [jalutama]

At what time?	**Mis ajal?** [mis ajal?]
tonight	**täna õhtul** [tæna ɜhtulʲ]
at six	**kell kuus** [kelʲ kuːs]
at seven	**kell seitse** [kelʲ sejtse]
at eight	**kell kaheksa** [kelʲ kaheksa]
at nine	**kell üheksa** [kelʲ ʉheksa]

Do you like it here?	**Kas teile meeldib siin olla?** [kas tejle meːlʲdib siːn olʲæ?]
Are you here with someone?	**Kas te olete siin kellegagi koos?** [kas te olete siːn kelʲegagi koːs?]
I'm with my friend.	**Olen koos sõbraga.** [olen koːs sɜbraga]

I'm with my friends.

No, I'm alone.

Olen koos sõpradega.
[olen ko:s sɜpradega]

Ei, ma olen üksik.
[ej, ma olen ʉksik]

Do you have a boyfriend?

I have a boyfriend.

Do you have a girlfriend?

I have a girlfriend.

Kas sul on sõber olemas?
[kas sulʲ on sɜber olemas?]

Mul on sõber.
[mulʲ on sɜber]

Kas sul on sõbranna olemas?
[kas sulʲ on sɜbranna olemas?]

Mul on sõbranna olemas.
[mulʲ on sɜbranna olemas]

Can I see you again?

Can I call you?

Call me. (Give me a call.)

What's your number?

I miss you.

Kas me kohtume veel?
[kas me kohtume ʋe:l?]

Kas tohin sulle helistada?
[kas tohin sulʲe helisʲtada?]

Helista mulle.
[helisʲta mulʲe]

Ütle mulle oma telefoninumber?
[ʉtle mulʲe oma telefoninumber?]

Igatsen su järele.
[igatsen su jærele]

You have a beautiful name.

I love you.

Will you marry me?

You're kidding!

I'm just kidding.

Teil on ilus nimi.
[tejlʲ on ilus nimi]

Ma armastan teid.
[ma armasʲtan tejd]

Kas abiellute minuga?
[kas abielʲute minuga?]

Nalja teete!
[nalja te:te!]

Lihtsalt teen nalja.
[lihtsalʲt te:n nalja]

Are you serious?

I'm serious.

Really?!

It's unbelievable!

I don't believe you.

I can't.

I don't know.

I don't understand you.

Kas te mõtlete seda tõsiselt?
[kas te mɜtlete seda tɜsiselʲt?]

Jah, ma olen tõsine.
[jah, ma olen tɜsine]

Tõesti?!
[tɜesʲti?!]

See on uskumatu!
[se: on uskumatu!]

Ma ei usu teid.
[ma ej usu tejd]

Ma ei saa.
[ma ej sa:]

Ma ei tea.
[ma ej tea]

Ma ei saa teist aru.
[ma ej sa: tejsʲt aru]

Please go away.

Leave me alone!

Palun lahkuge.
[palun lahkuge]

Jätke mind üksi!
[jætke mint üksi!]

I can't stand him.

You are disgusting!

I'll call the police!

Ma ei talu teda.
[ma ej talu teda]

Te olete vastik!
[te olete vasʲtik!]

Ma kutsun politsei!
[ma kutsun politsej!]

Sharing impressions. Emotions

I like it.	**See meeldib mulle.** [se: meːlʲdib mulʲe]
Very nice.	**Väga kena.** [ʋæga kena]
That's great!	**See on suurepärane!** [se: on suːrepærane!]
It's not bad.	**See ei ole halb.** [se: ej ole halʲb]

I don't like it.	**See ei meeldi mulle.** [se: ej meːlʲdi mulʲe]
It's not good.	**See ei ole hea.** [se: ej ole hea]
It's bad.	**See on halb.** [se: on halʲb]
It's very bad.	**See on väga halb.** [se: on ʋæga halʲb]
It's disgusting.	**See on eemaletõukav.** [se: on eːmaletʒukaʋ]

I'm happy.	**Ma olen õnnelik.** [ma olen ɜnnelik]
I'm content.	**Ma olen rahul.** [ma olen rahul]
I'm in love.	**Ma olen armunud.** [ma olen armunud]
I'm calm.	**Ma olen rahulik.** [ma olen rahulik]
I'm bored.	**Ma olen tüdinud.** [ma olen tʉdinud]

I'm tired.	**Ma olen väsinud.** [ma olen ʋæsinud]
I'm sad.	**Ma olen kurb.** [ma olen kurb]
I'm frightened.	**Ma olen hirmul.** [ma olen hirmul]
I'm angry.	**Ma olen vihane.** [ma olen ʋihane]

| I'm worried. | **Ma olen mures.**
[ma olen mures] |
| I'm nervous. | **Ma olen närvis.**
[ma olen nærʋis] |

I'm jealous. (envious)   **Ma olen kade.**
[ma olen kade]

I'm surprised.   **Ma olen üllatunud.**
[ma olen ülætunud]

I'm perplexed.   **Ma olen segaduses.**
[ma olen segaduses]

Problems. Accidents

I've got a problem.

Ma vajan teie abi.
[ma ʋajan teje abi]

We've got a problem.

Me vajame teie abi.
[me ʋajame teje abi]

I'm lost.

Ma olen ära eksinud.
[ma olen æra eksinud]

I missed the last bus (train).

Ma jäin viimasest bussist (rongist) maha.
[ma jæjn ʋiːmasest bussist (rongist) maha]

I don't have any money left.

Mul on raha päris otsas.
[mulʲ on raha pæris otsas]

I've lost my ...

Ma kaotasin oma ...
[ma kaotasin oma ...]

Someone stole my ...

Keegi varastas mu ...
[keːgi ʋarastas mu ...]

passport

passi
[pasi]

wallet

rahakoti
[rahakoti]

papers

dokumendid
[dokumendit]

ticket

pileti
[pileti]

money

raha
[raha]

handbag

käekoti
[kæekoti]

camera

fotoaparaadi
[fotoaparaːdi]

laptop

sülearvuti
[sʉlearʋuti]

tablet computer

tahvelarvuti
[tahʋelarʋuti]

mobile phone

mobiiltelefoni
[mobiːlʲtelefoni]

Help me!

Appi! Aidake!
[appi! aidake!]

What's happened?

Mis juhtus?
[mis juhtus?]

fire	**tulekahju** [tulekahju]
shooting	**tulistamine** [tulisᵗtamine]
murder	**tapmine** [tapmine]
explosion	**plahvatus** [plahʋatus]
fight	**kaklus** [kaklus]

Call the police!	**Kutsuge politsei!** [kutsuge politsej!]
Please hurry up!	**Palun kiirustage!** [palun ki:rusᵗtage!]
I'm looking for the police station.	**Ma otsin politseijaoskonda.** [ma otsin politsejjaoskonda]
I need to make a call.	**Mul on vaja helistada.** [mulʲ on ʋaja helisᵗtada]
May I use your phone?	**Kas ma tohin helistada?** [kas ma tohin helisᵗtada?]

I've been ...	**Mind ...** [mint ...]
mugged	**rööviti** [rø:ʋiti]
robbed	**riisuti paljaks** [ri:suti paljaks]
raped	**vägistati** [ʋægisᵗtati]
attacked (beaten up)	**peksti läbi** [peksᵗti lʲæbi]

Are you all right?	**Kas teiega on kõik korras?** [kas tejega on kɜik korras?]
Did you see who it was?	**Kas te nägite, kes see oli?** [kas te nægite, kes se: oli?]
Would you be able to recognize the person?	**Kas te tunneksite ta ära?** [kas te tunneksite ta æra?]
Are you sure?	**Kas olete kindel?** [kas olete kindel?]

Please calm down.	**Palun rahunege maha.** [palun rahunege maha]
Take it easy!	**Võtke asja rahulikult!** [ʋɜtke asja rahulikulʲt!]
Don't worry!	**Ärge muretsege!** [ærge muretsege!]
Everything will be fine.	**Kõik saab korda.** [kɜik sa:b korda]
Everything's all right.	**Kõik on korras.** [kɜik on korras]

Come here, please.

Palun tulge siia.
[palun tulʲge si:a]

I have some questions for you.

Mul on teile mõned küsimused.
[mulʲ on tejle mɜnet kʉsimused]

Wait a moment, please.

Palun oodake.
[palun o:dake]

Do you have any I.D.?

Kas teil on mõni isikut tõendav dokument?
[kas tejlʲ on mɜni isikut tɜendaʋ dokument?]

Thanks. You can leave now.

Tänan. Võite lahkuda.
[tænan. ʋɜite lahkuda]

Hands behind your head!

Käed kuklale!
[kæet kuklale!]

You're under arrest!

Te olete kinni peetud!
[te olete kinni pe:tud!]

Health problems

Please help me.	**Palun aidake mind.** [palun aidake mind]
I don't feel well.	**Mul on halb olla.** [mulʲ on halʲb olʲæ]
My husband doesn't feel well.	**Mu mehel on halb olla.** [mu mehelʲ on halʲb olʲæ]
My son ...	**Mu pojal ...** [mu pojalʲ ...]
My father ...	**Mu isal ...** [mu isalʲ ...]
My wife doesn't feel well.	**Mu naisel on halb olla.** [mu naiselʲ on halʲb olʲæ]
My daughter ...	**Mu tütrel ...** [mu tʉtrelʲ ...]
My mother ...	**Mu emal ...** [mu emalʲ ...]
I've got a ...	**Mul on ...** [mulʲ on ...]
headache	**peavalu** [peaʋalu]
sore throat	**kurk külma saanud** [kurk kʉlʲma sa:nut]
stomach ache	**kõhuvalu** [kɜhuʋalu]
toothache	**hambavalu** [hambaʋalu]
I feel dizzy.	**Mul käib pea ringi.** [mulʲ kæjb pea ringi]
He has a fever.	**Tal on palavik.** [talʲ on palaʋik]
She has a fever.	**Tal on palavik.** [talʲ on palaʋik]
I can't breathe.	**Ma ei saa hingata.** [ma ej sa: hingata]
I'm short of breath.	**Mul jääb hing kinni.** [mulʲ jæ:b hing kinni]
I am asthmatic.	**Ma olen astmaatik.** [ma olen asʲtma:tik]
I am diabetic.	**Ma olen diabeetik.** [ma olen diabe:tik]

I can't sleep.

Ma ei saa magada.
[ma ej sa: magada]

food poisoning

toidumürgitus
[tojdumɐrgitus]

It hurts here.

Siit valutab.
[si:t ʋalutab]

Help me!

Appi! Aidake!
[appi! aidake!]

I am here!

Ma olen siin!
[ma olen si:n!]

We are here!

Me oleme siin!
[me oleme si:n!]

Get me out of here!

Päästke mind siit välja!
[pæ:sʲtke mint si:t ʋælja!]

I need a doctor.

Mul on arsti vaja.
[mulʲ on arsʲti ʋaja]

I can't move.

Ma ei saa ennast liigutada.
[ma ej sa: ennasʲt li:gutada]

I can't move my legs.

Ma ei saa oma jalgu liigutada.
[ma ej sa: oma jalʲgu li:gutada]

I have a wound.

Ma olen haavatud.
[ma olen ha:ʋatud]

Is it serious?

Kas see on kardetav?
[kas se: on kardetaʋ?]

My documents are in my pocket.

Minu dokumendid on mu taskus.
[minu dokumendit on mu taskus]

Calm down!

Rahunege maha!
[rahunege maha!]

May I use your phone?

Kas ma tohin helistada?
[kas ma tohin helisʲtada?]

Call an ambulance!

Kutsuge kiirabi!
[kutsuge ki:rabi!]

It's urgent!

See on kiireloomuline!
[se: on ki:relo:muline!]

It's an emergency!

See on hädaolukord!
[se: on hædaolukord!]

Please hurry up!

Palun kiirustage!
[palun ki:rusʲtage!]

Would you please call a doctor?

Palun kutsuge arst?
[palun kutsuge arsʲt?]

Where is the hospital?

Palun öelge, kus asub haigla?
[palun øelʲge, kus asub haigla?]

How are you feeling?

Kuidas te ennast tunnete?
[kuidas te ennasʲt tunnete?]

Are you all right?

Kas teiega on kõik korras?
[kas tejega on kɜik korras?]

What's happened?

Mis juhtus?
[mis juhtus?]

I feel better now.

Ma tunnen ennast nüüd paremini.
[ma tunnen ennast nʉːt paremini]

It's OK.

Kõik on korras.
[kɜik on korras]

It's all right.

Kõik on hästi.
[kɜik on hæsʲti]

At the pharmacy

pharmacy (drugstore)	**apteek** [apte:k]
24-hour pharmacy	**ööpäevaringselt avatud apteek** [ø:pæeʋaringselⁱt aʋatut apte:k]
Where is the closest pharmacy?	**Kus asub lähim apteek?** [kus asub lⁱæhim apte:k?]
Is it open now?	**Kas see on praegu avatud?** [kas se: on praegu aʋatud?]
At what time does it open?	**Mis kell see avatakse?** [mis kelⁱ se: aʋatakse?]
At what time does it close?	**Mis kell see suletakse?** [mis kelⁱ se: suletakse?]
Is it far?	**Kas see on kaugel?** [kas se: on kaugel?]
Can I get there on foot?	**Kas ma saan sinna jalgsi minna?** [kas ma sa:n sinna jalⁱgsi minna?]
Can you show me on the map?	**Palun näidake mulle seda kaardil.** [palun næjdake mulⁱe seda ka:rdil]
Please give me something for ...	**Palun andke mulle midagi,** **mis aitaks ...** [palun andke mulⁱe midagi, mis aitaks ...]
a headache	**peavalu vastu** [peaʋalu ʋasⁱtu]
a cough	**köha vastu** [køha ʋasⁱtu]
a cold	**külmetuse vastu** [kɐlⁱmetuse ʋasⁱtu]
the flu	**gripi vastu** [gripi ʋasⁱtu]
a fever	**palaviku vastu** [palaʋiku ʋasⁱtu]
a stomach ache	**kõhuvalude vastu** [kɜhuʋalude ʋasⁱtu]
nausea	**iivelduse vastu** [i:ʋelⁱduse ʋasⁱtu]
diarrhea	**kõhulahtisuse vastu** [kɜhulahtisuse ʋasⁱtu]
constipation	**kõhukinnisuse vastu** [kɜhukinnisuse ʋasⁱtu]

pain in the back	**seljavalu vastu** [seljaualu vas'tu]
chest pain	**rinnavalu vastu** [rinnaualu vas'tu]
side stitch	**pistete vastu küljes** [pis'tete vas'tu küljes]
abdominal pain	**valude vastu kõhus** [ualude vas'tu kзhus]

pill	**tablett** [tablett]
ointment, cream	**salv, kreem** [sal'u, kre:m]
syrup	**siirup** [si:rup]
spray	**sprei** [sprej]
drops	**tilgad** [til'gat]

You need to go to the hospital.	**Te peate haiglasse minema.** [te peate haiglase minema]
health insurance	**ravikindlustus** [rauikintlus'tus]
prescription	**retseptiga** [retseptiga]
insect repellant	**putukatõrjevahend** [putukatзrjeuahent]
Band Aid	**plaaster** [pla:s'ter]

The bare minimum

Excuse me, ...	**Vabandage, ...** [ʋabandage, ...]
Hello.	**Tere.** [tere]
Thank you.	**Aitäh.** [aitæh]
Good bye.	**Nägemist.** [næɡemisʲt]
Yes.	**Jah.** [jah]
No.	**Ei.** [ej]
I don't know.	**Ma ei tea.** [ma ej tea]
Where?	Where to?	When?	**Kus?	Kuhu?	Millal?** [kus?	kuhu?	milʲæl?]

I need ...	**Mul on ... vaja** [mulʲ on ... ʋaja]
I want ...	**Ma tahan ...** [ma tahan ...]
Do you have ...?	**Kas teil on ... ?** [kas tejlʲ on ... ?]
Is there a ... here?	**Kas siin on kusagil ... ?** [kas siːn on kusagilʲ ... ?]
May I ...?	**Kas ma tohin ...?** [kas ma tohin ...?]
..., please (polite request)	**Palun, ...** [palun, ...]

I'm looking for ...	**Ma otsin ...** [ma otsin ...]
restroom	**tualetti** [tualetti]
ATM	**pangaautomaati** [pangaːutomaːti]
pharmacy (drugstore)	**apteeki** [apteːki]
hospital	**haiglat** [haiglat]
police station	**politseijaoskonda** [politsejjaoskonda]
subway	**metroojaama** [metroːjaːma]

taxi	**taksot** [taksot]
train station	**raudteejaama** [raudteːjaːma]

My name is …	**Minu nimi on …** [minu nimi on …]
What's your name?	**Mis teie nimi on?** [mis teje nimi on?]
Could you please help me?	**Palun aidake mind.** [palun aidake mind]
I've got a problem.	**Ma vajan teie abi.** [ma ʋajan teje abi]
I don't feel well.	**Mul on halb olla.** [mulʲ on halʲb olʲæ]
Call an ambulance!	**Kutsuge kiirabi!** [kutsuge kiːrabi!]
May I make a call?	**Kas ma tohin helistada?** [kas ma tohin helisʲtada?]

I'm sorry.	**Vabandage.** [ʋabandage]
You're welcome.	**Tänan.** [tænan]

I, me	**mina, ma** [mina, ma]
you (inform.)	**sina, sa** [sina, sa]
he	**tema, ta** [tema, ta]
she	**tema, ta** [tema, ta]
they (masc.)	**nemad, nad** [nemad, nat]
they (fem.)	**nemad, nad** [nemad, nat]
we	**meie, me** [meje, me]
you (pl)	**teie, te** [teje, te]
you (sg, form.)	**teie** [teje]

ENTRANCE	**SISSEPÄÄS** [sissepæːs]
EXIT	**VÄLJAPÄÄS** [ʋæljapæːs]
OUT OF ORDER	**EI TÖÖTA** [ej tøːta]
CLOSED	**SULETUD** [suletut]

OPEN	**AVATUD** [avatut]
FOR WOMEN	**NAISTE** [naisʲte]
FOR MEN	**MEESTE** [me:sʲte]

TOPICAL
VOCABULARY

This section contains more than 3,000 of the most important words.
The dictionary will provide invaluable assistance while traveling abroad, because frequently individual words are enough for you to be understood.
The dictionary includes a convenient transcription of each foreign word

T&P Books Publishing

VOCABULARY
CONTENTS

T&P Books Publishing

BASIC CONCEPTS

T&P Books Publishing

1. Pronouns

I, me	**mina**	[mina]
you	**sina**	[sina]
he	**tema**	[tema]
she	**tema**	[tema]
it	**see**	[se:]
we	**meie**	[meje]
you (to a group)	**teie**	[teje]
they	**nemad**	[nemat]

2. Greetings. Salutations

Hello! (fam.)	**Tere!**	[tere!]
Hello! (form.)	**Tere!**	[tere!]
Good morning!	**Tere hommikust!**	[tere hommikusʲt!]
Good afternoon!	**Tere päevast!**	[tere pæeʋasʲt!]
Good evening!	**Tere õhtust!**	[tere ɜhtusʲt!]
to say hello	**teretama**	[teretama]
Hi! (hello)	**Tervist!**	[terʋisʲt!]
greeting (n)	**tervitus**	[terʋitus]
to greet (vt)	**tervitama**	[terʋitama]
How are you?	**Kuidas läheb?**	[kuidas lʲæheb?]
What's new?	**Mis uudist?**	[mis u:disʲt?]
Bye-Bye! Goodbye!	**Nägemist!**	[nægemisʲt!]
See you soon!	**Kohtumiseni!**	[kohtumiseni!]
Farewell!	**Hüvasti!**	[hʉʋasʲti!]
to say goodbye	**hüvasti jätma**	[hʉʋasʲti jætma]
So long!	**Hüva!**	[hʉʋa!]
Thank you!	**Aitäh!**	[aitæh!]
Thank you very much!	**Suur tänu!**	[su:r tænu!]
You're welcome	**Palun.**	[palun]
Don't mention it!	**Pole tänu väärt.**	[pole tænu ʋæ:rt]
It was nothing	**Pole tänu väärt.**	[pole tænu ʋæ:rt]
Excuse me! (fam.)	**Vabanda!**	[ʋabanda!]
Excuse me! (form.)	**Vabandage!**	[ʋabandage!]
to excuse (forgive)	**vabandama**	[ʋabandama]
to apologize (vi)	**vabandama**	[ʋabandama]

My apologies	**Minu kaastunne**	[minu ka:sʲtunne]
I'm sorry!	**Andke andeks!**	[andke andeks!]
to forgive (vt)	**andeks andma**	[andeks andma]
It's okay! (that's all right)	**Pole hullu!**	[pole hulʲu]
please (adv)	**palun**	[palun]
Don't forget!	**Pidage meeles!**	[pidage me:les!]
Certainly!	**Muidugi!**	[mujdugi!]
Of course not!	**Muidugi mitte!**	[mujdugi mitte!]
Okay! (I agree)	**Ma olen nõus!**	[ma olen nɜus!]
That's enough!	**Aitab küll!**	[aitab kʉlʲ!]

3. Questions

Who?	**Kes?**	[kes?]
What?	**Mis?**	[mis?]
Where? (at, in)	**Kus?**	[kus?]
Where (to)?	**Kuhu?**	[kuhu?]
From where?	**Kust?**	[kusʲt?]
When?	**Millal?**	[milʲæl?]
Why? (What for?)	**Milleks?**	[milʲeks?]
Why? (~ are you crying?)	**Miks?**	[miks?]
What for?	**Mille jaoks?**	[milʲe jaoks?]
How? (in what way)	**Kuidas?**	[kuidas?]
What? (What kind of …?)	**Missugune?**	[missugune?]
Which?	**Mis?**	[mis?]
To whom?	**Kellele?**	[kelʲele?]
About whom?	**Kellest?**	[kelʲesʲt?]
About what?	**Millest?**	[milʲesʲt?]
With whom?	**Kellega?**	[kelʲega?]
How many?	**Mitu?**	[mitu?]
How much?	**Kui palju?**	[kui palju?]
Whose?	**Kelle?**	[kelʲe?]

4. Prepositions

with (accompanied by)	**koos**	[ko:s]
without	**ilma**	[ilʲma]
to (indicating direction)	**sisse**	[sisse]
about (talking ~ …)	**kohta**	[kohta]
before (in time)	**enne**	[enne]
in front of …	**ees**	[e:s]
under (beneath, below)	**all**	[alʲ]
above (over)	**kohal**	[kohalʲ]

on (atop)	**peal**	[pealʲ]
from (off, out of)	**seest**	[se:sʲt]
of (made from)	**millest tehtud**	[milʲesʲt tehtut]
in (e.g., ~ ten minutes)	**pärast**	[pærasʲt]
over (across the top of)	**läbi**	[lʲæbi]

5. Function words. Adverbs. Part 1

Where? (at, in)	**Kus?**	[kus?]
here (adv)	**siin**	[si:n]
there (adv)	**seal**	[sealʲ]
somewhere (to be)	**kuskil**	[kuskilʲ]
nowhere (not anywhere)	**mitte kuskil**	[mitte kuskilʲ]
by (near, beside)	**juures**	[ju:res]
by the window	**akna juures**	[akna ju:res]
Where (to)?	**Kuhu?**	[kuhu?]
here (e.g., come ~!)	**siia**	[si:a]
there (e.g., to go ~)	**sinna**	[sinna]
from here (adv)	**siit**	[si:t]
from there (adv)	**sealt**	[sealʲt]
close (adv)	**lähedal**	[lʲæhedalʲ]
far (adv)	**kaugel**	[kaugelʲ]
near (e.g., ~ Paris)	**kõrval**	[kɜrualʲ]
nearby (adv)	**lähedal**	[lʲæhedalʲ]
not far (adv)	**lähedale**	[lʲæhedale]
left (adj)	**vasak**	[uasak]
on the left	**vasakul**	[uasakulʲ]
to the left	**vasakule**	[uasakule]
right (adj)	**parem**	[parem]
on the right	**paremal**	[paremalʲ]
to the right	**paremale**	[paremale]
in front (adv)	**eest**	[e:sʲt]
front (as adj)	**eesmine**	[e:smine]
ahead (the kids ran ~)	**edasi**	[edasi]
behind (adv)	**taga**	[taga]
from behind	**tagant**	[tagant]
back (towards the rear)	**tagasi**	[tagasi]
middle	**keskkoht**	[keskkoht]
in the middle	**keskel**	[keskelʲ]

at the side	kõrvalt	[kɜrʋalʲt]
everywhere (adv)	igal pool	[igalʲ poːlʲ]
around (in all directions)	ümberringi	[ʉmberringi]

from inside	seest	[seːsʲt]
somewhere (to go)	kuhugi	[kuhugi]
straight (directly)	otse	[otse]
back (e.g., come ~)	tagasi	[tagasi]

| from anywhere | kuskilt | [kuskilʲt] |
| from somewhere | kuskilt | [kuskilʲt] |

firstly (adv)	esiteks	[esiteks]
secondly (adv)	teiseks	[tejseks]
thirdly (adv)	kolmandaks	[kolʲmandaks]

suddenly (adv)	äkki	[ækki]
at first (in the beginning)	alguses	[alʲguses]
for the first time	esimest korda	[esimesʲt korda]
long before ...	enne ...	[enne ...]
anew (over again)	uuesti	[uːesʲti]
for good (adv)	päriseks	[pæriseks]

never (adv)	mitte kunagi	[mitte kunagi]
again (adv)	jälle	[jælʲe]
now (adv)	nüüd	[nʉːt]
often (adv)	sageli	[sageli]
then (adv)	siis	[siːs]
urgently (quickly)	kiiresti	[kiːresʲti]
usually (adv)	tavaliselt	[taʋaliselʲt]

by the way, ...	muuseas, ...	[muːseas, ...]
possible (that is ~)	võimalik	[ʋɤimalik]
probably (adv)	tõenäoliselt	[tɜenæoliselʲt]
maybe (adv)	võib olla	[ʋɤib olʲæ]
besides ...	peale selle ...	[peale selʲe ...]
that's why ...	sellepärast	[selʲepærasʲt]
in spite of ...	... vaatamata	[... ʋaːtamata]
thanks to ...	tänu ...	[tænu ...]

what (pron.)	mis	[mis]
that (conj.)	et	[et]
something	miski	[miski]
anything (something)	miski	[miski]
nothing	mitte midagi	[mitte midagi]

who (pron.)	kes	[kes]
someone	keegi	[keːgi]
somebody	keegi	[keːgi]

| nobody | mitte keegi | [mitte keːgi] |
| nowhere (a voyage to ~) | mitte kuhugi | [mitte kuhugi] |

| nobody's | ei kellegi oma | [ej kelʲegi oma] |
| somebody's | kellegi oma | [kelʲegi oma] |

so (I'm ~ glad)	nii	[ni:]
also (as well)	samuti	[samuti]
too (as well)	ka	[ka]

6. Function words. Adverbs. Part 2

Why?	Miks?	[miks?]
for some reason	millegi pärast	[milʲegi pærasʲt]
because ...	sest ...	[sesʲt ...]
for some purpose	millekski	[milʲekski]

and	ja	[ja]
or	või	[vɜi]
but	kuid	[kuit]
for (e.g., ~ me)	jaoks	[jaoks]

too (~ many people)	liiga	[li:ga]
only (exclusively)	ainult	[ainulʲt]
exactly (adv)	täpselt	[tæpselʲt]
about (more or less)	umbes	[umbes]

approximately (adv)	ligikaudu	[ligikaudu]
approximate (adj)	ligikaudne	[ligikaudne]
almost (adv)	peaaegu	[pea:egu]
the rest	ülejäänud	[ʉlejæ:nut]

the other (second)	teine	[tejne]
other (different)	teiste	[tejsʲte]
each (adj)	iga	[iga]
any (no matter which)	mis tahes	[mis tahes]
many, much (a lot of)	palju	[palju]
many people	paljud	[paljut]
all (everyone)	kõik	[kɜik]

in return for ...	... vastu	[... vasʲtu]
in exchange (adv)	asemele	[asemele]
by hand (made)	käsitsi	[kæsitsi]
hardly (negative opinion)	vaevalt	[vaevalʲt]

probably (adv)	vist	[visʲt]
on purpose (intentionally)	meelega	[me:lega]
by accident (adv)	juhuslikult	[juhuslikulʲt]

very (adv)	väga	[væga]
for example (adv)	näiteks	[næjteks]
between	vahel	[vahelʲ]
among	keskel	[keskelʲ]

| so much (such a lot) | **niipalju** | [ni:palju] |
| especially (adv) | **eriti** | [eriti] |

NUMBERS. MISCELLANEOUS

T&P Books Publishing

7. Cardinal numbers. Part 1

0 zero	**null**	[nulʲ]
1 one	**üks**	[ʉks]
2 two	**kaks**	[kaks]
3 three	**kolm**	[kolʲm]
4 four	**neli**	[neli]
5 five	**viis**	[ʋiːs]
6 six	**kuus**	[kuːs]
7 seven	**seitse**	[sejtse]
8 eight	**kaheksa**	[kaheksa]
9 nine	**üheksa**	[ʉheksa]
10 ten	**kümme**	[kʉmme]
11 eleven	**üksteist**	[ʉksʲtejsʲt]
12 twelve	**kaksteist**	[kaksʲtejsʲt]
13 thirteen	**kolmteist**	[kolʲmtejsʲt]
14 fourteen	**neliteist**	[nelitejsʲt]
15 fifteen	**viisteist**	[ʋiːsʲtejsʲt]
16 sixteen	**kuusteist**	[kuːsʲtejsʲt]
17 seventeen	**seitseteist**	[sejtsetejsʲt]
18 eighteen	**kaheksateist**	[kaheksatejsʲt]
19 nineteen	**üheksateist**	[ʉheksatejsʲt]
20 twenty	**kakskümmend**	[kakskʉmment]
21 twenty-one	**kakskümmend üks**	[kakskʉmment ʉks]
22 twenty-two	**kakskümmend kaks**	[kakskʉmment kaks]
23 twenty-three	**kakskümmend kolm**	[kakskʉmment kolʲm]
30 thirty	**kolmkümmend**	[kolʲmkʉmment]
31 thirty-one	**kolmkümmend üks**	[kolʲmkʉmment ʉks]
32 thirty-two	**kolmkümmend kaks**	[kolʲmkʉmment kaks]
33 thirty-three	**kolmkümmend kolm**	[kolʲmkʉmment kolʲm]
40 forty	**nelikümmend**	[nelikʉmment]
41 forty-one	**nelikümmend üks**	[nelikʉmment ʉks]
42 forty-two	**nelikümmend kaks**	[nelikʉmment kaks]
43 forty-three	**nelikümmend kolm**	[nelikʉmment kolʲm]
50 fifty	**viiskümmend**	[ʋiːskʉmment]
51 fifty-one	**viiskümmend üks**	[ʋiːskʉmment ʉks]
52 fifty-two	**viiskümmend kaks**	[ʋiːskʉmment kaks]
53 fifty-three	**viiskümmend kolm**	[ʋiːskʉmment kolʲm]
60 sixty	**kuuskümmend**	[kuːskʉmment]

61 sixty-one	kuuskümmend üks	[ku:skʉmment ʉks]
62 sixty-two	kuuskümmend kaks	[ku:skʉmment kaks]
63 sixty-three	kuuskümmend kolm	[ku:skʉmment kolʲm]

70 seventy	seitsekümmend	[sejtsekʉmment]
71 seventy-one	seitsekümmend üks	[sejtsekʉmment ʉks]
72 seventy-two	seitsekümmend kaks	[sejtsekʉmment kaks]
73 seventy-three	seitsekümmend kolm	[sejtsekʉmment kolʲm]

80 eighty	kaheksakümmend	[kaheksakʉmment]
81 eighty-one	kaheksakümmend üks	[kaheksakʉmment ʉks]
82 eighty-two	kaheksakümmend kaks	[kaheksakʉmment kaks]
83 eighty-three	kaheksakümmend kolm	[kaheksakʉmment kolʲm]

90 ninety	üheksakümmend	[ʉheksakʉmment]
91 ninety-one	üheksakümmend üks	[ʉheksakʉmment ʉks]
92 ninety-two	üheksakümmend kaks	[ʉheksakʉmment kaks]
93 ninety-three	üheksakümmend kolm	[ʉheksakʉmment kolʲm]

8. Cardinal numbers. Part 2

100 one hundred	sada	[sada]
200 two hundred	kakssada	[kakssada]
300 three hundred	kolmsada	[kolʲmsada]
400 four hundred	nelisada	[nelisada]
500 five hundred	viissada	[ʋi:ssada]

600 six hundred	kuussada	[ku:ssada]
700 seven hundred	seitsesada	[sejtsesada]
800 eight hundred	kaheksasada	[kaheksasada]
900 nine hundred	üheksasada	[ʉheksasada]

1000 one thousand	tuhat	[tuhat]
2000 two thousand	kaks tuhat	[kaks tuhat]
3000 three thousand	kolm tuhat	[kolʲm tuhat]
10000 ten thousand	kümme tuhat	[kʉmme tuhat]
one hundred thousand	sada tuhat	[sada tuhat]
million	miljon	[miljon]
billion	miljard	[miljart]

9. Ordinal numbers

first (adj)	esimene	[esimene]
second (adj)	teine	[tejne]
third (adj)	kolmas	[kolʲmas]
fourth (adj)	neljas	[neljas]
fifth (adj)	viies	[ʋi:es]
sixth (adj)	kuues	[ku:es]

seventh (adj)	**seitsmes**	[sejtsmes]
eighth (adj)	**kaheksas**	[kaheksas]
ninth (adj)	**üheksas**	[ʉheksas]
tenth (adj)	**kümnes**	[kʉmnes]

COLOURS. UNITS OF MEASUREMENT

T&P Books Publishing

10. Colors

color	värv	[ʋæerʋ]
shade (tint)	varjund	[ʋarjunt]
hue	toon	[toːn]
rainbow	vikerkaar	[ʋikerkaːr]

white (adj)	valge	[ʋalʲge]
black (adj)	must	[musʲt]
gray (adj)	hall	[halʲ]

green (adj)	roheline	[roheline]
yellow (adj)	kollane	[kolʲæne]
red (adj)	punane	[punane]
blue (adj)	sinine	[sinine]
light blue (adj)	helesinine	[helesinine]
pink (adj)	roosa	[roːsa]
orange (adj)	oranž	[oranʒ]
violet (adj)	violetne	[ʋioletne]
brown (adj)	pruun	[pruːn]

golden (adj)	kuldne	[kulʲdne]
silvery (adj)	hõbedane	[hɔbedane]
beige (adj)	beež	[beːʒ]
cream (adj)	kreemjas	[kreːmjas]
turquoise (adj)	türkiissinine	[tʉrkiːssinine]
cherry red (adj)	kirsipunane	[kirsipunane]
lilac (adj)	lilla	[lilʲæ]
crimson (adj)	vaarikpunane	[ʋaːrikpunane]

light (adj)	hele	[hele]
dark (adj)	tume	[tume]
bright, vivid (adj)	erk	[erk]

colored (pencils)	värvipliiats	[ʋæerʋipliːats]
color (e.g., ~ film)	värvi-	[ʋæerʋi-]
black-and-white (adj)	must-valge	[musʲt-ʋalʲge]
plain (one-colored)	ühevärviline	[ʉheʋæerʋiline]
multicolored (adj)	mitmevärviline	[mitmeʋæerʋiline]

11. Units of measurement

weight	kaal	[kaːlʲ]
length	pikkus	[pikkus]

width	laius	[laius]
height	kõrgus	[kɜrgus]
depth	sügavus	[sʉgaʊus]
volume	maht	[maht]
area	pindala	[pindala]

gram	gramm	[gramm]
milligram	milligramm	[milʲigramm]
kilogram	kilogramm	[kilogramm]
ton	tonn	[tonn]
pound	nael	[naelʲ]
ounce	unts	[unts]

meter	meeter	[me:ter]
millimeter	millimeeter	[milʲime:ter]
centimeter	sentimeeter	[sentime:ter]
kilometer	kilomeeter	[kilome:ter]
mile	miil	[mi:lʲ]

inch	toll	[tolʲ]
foot	jalg	[jalʲg]
yard	jard	[jart]

square meter	ruutmeeter	[ru:tme:ter]
hectare	hektar	[hektar]
liter	liiter	[li:ter]
degree	kraad	[kra:t]
volt	volt	[ʊolʲt]
ampere	amper	[amper]
horsepower	hobujõud	[hobujɜut]

quantity	hulk	[hulʲk]
a little bit of ...	veidi ...	[ʊejdi ...]
half	pool	[po:lʲ]
dozen	tosin	[tosin]
piece (item)	tükk	[tʉkk]

| size | suurus | [su:rus] |
| scale (map ~) | mastaap | [masʲta:p] |

minimal (adj)	minimaalne	[minima:lʲne]
the smallest (adj)	kõige väiksem	[kɜige ʊæjksem]
medium (adj)	keskmine	[keskmine]
maximal (adj)	maksimaalne	[maksima:lʲne]
the largest (adj)	kõige suurem	[kɜige su:rem]

12. Containers

| canning jar (glass ~) | klaaspurk | [kla:spurk] |
| can | plekkpurk | [plekkpurk] |

bucket	**ämber**	[æmber]
barrel	**tünn**	[tʉnn]
wash basin (e.g., plastic ~)	**pesukauss**	[pesukauss]
tank (100L water ~)	**paak**	[pa:k]
hip flask	**plasku**	[plasku]
jerrycan	**kanister**	[kanisʲter]
tank (e.g., tank car)	**tsistern**	[tsisʲtern]
mug	**kruus**	[kru:s]
cup (of coffee, etc.)	**tass**	[tass]
saucer	**alustass**	[alusʲtass]
glass (tumbler)	**klaas**	[kla:s]
wine glass	**veiniklaas**	[ʋejnikla:s]
stock pot (soup pot)	**pott**	[pott]
bottle (~ of wine)	**pudel**	[pudelʲ]
neck (of the bottle, etc.)	**pudelikael**	[pudelikaelʲ]
carafe (decanter)	**karahvin**	[karahʋin]
pitcher	**kann**	[kann]
vessel (container)	**nõu**	[nɜu]
pot (crock, stoneware ~)	**pott**	[pott]
vase	**vaas**	[ʋa:s]
bottle (perfume ~)	**pudel**	[pudelʲ]
vial, small bottle	**rohupudel**	[rohupudelʲ]
tube (of toothpaste)	**tuub**	[tu:b]
sack (bag)	**kott**	[kott]
bag (paper ~, plastic ~)	**kilekott**	[kilekott]
pack (of cigarettes, etc.)	**pakk**	[pakk]
box (e.g., shoebox)	**karp**	[karp]
crate	**kast**	[kasʲt]
basket	**korv**	[korʊ]

MAIN VERBS

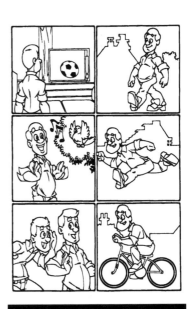

T&P Books Publishing

13. The most important verbs. Part 1

to advise (vt)	**soovitama**	[soːʋitama]
to agree (say yes)	**nõustuma**	[nɜusʲtuma]
to answer (vi, vt)	**vastama**	[ʋasʲtama]
to apologize (vi)	**vabandama**	[ʋabandama]
to arrive (vi)	**saabuma**	[saːbuma]
to ask (~ oneself)	**küsima**	[kʉsima]
to ask (~ sb to do sth)	**paluma**	[paluma]
to be (vi)	**olema**	[olema]
to be afraid	**kartma**	[kartma]
to be hungry	**süüa tahtma**	[sʉːa tahtma]
to be interested in …	**huvi tundma**	[huʋi tundma]
to be needed	**tarvis olema**	[tarʋis olema]
to be surprised	**imestama**	[imesʲtama]
to be thirsty	**juua tahtma**	[juːa tahtma]
to begin (vt)	**alustama**	[alusʲtama]
to belong to …	**kuuluma**	[kuːluma]
to boast (vi)	**kiitlema**	[kiːtlema]
to break (split into pieces)	**murdma**	[murdma]
to call (~ for help)	**kutsuma**	[kutsuma]
can (v aux)	**võima**	[ʋɜima]
to catch (vt)	**püüdma**	[pʉːdma]
to change (vt)	**muutma**	[muːtma]
to choose (select)	**valima**	[ʋalima]
to come down (the stairs)	**laskuma**	[laskuma]
to compare (vt)	**võrdlema**	[ʋɜrtlema]
to complain (vi, vt)	**kaebama**	[kaebama]
to confuse (mix up)	**segi ajama**	[segi ajama]
to continue (vt)	**jätkama**	[jætkama]
to control (vt)	**kontrollima**	[kontrolʲima]
to cook (dinner)	**süüa tegema**	[sʉːa tegema]
to cost (vt)	**maksma**	[maksma]
to count (add up)	**lugema**	[lugema]
to count on …	**lootma …**	[loːtma …]
to create (vt)	**looma**	[loːma]
to cry (weep)	**nutma**	[nutma]

14. The most important verbs. Part 2

to deceive (vi, vt)	petma	[petma]
to decorate (tree, street)	ehtima	[ehtima]
to defend (a country, etc.)	kaitsma	[kaitsma]
to demand (request firmly)	nõudma	[nɔudma]
to dig (vt)	kaevama	[kaeʋama]
to discuss (vt)	arutama	[arutama]
to do (vt)	tegema	[tegema]
to doubt (have doubts)	kahtlema	[kahtlema]
to drop (let fall)	pillama	[pilʲæma]
to enter (room, house, etc.)	sisse tulema	[sisse tulema]
to excuse (forgive)	vabandama	[ʋabandama]
to exist (vi)	olemas olema	[olemas olema]
to expect (foresee)	ette nägema	[ette nægema]
to explain (vt)	seletama	[seletama]
to fall (vi)	kukkuma	[kukkuma]
to find (vt)	leidma	[lejdma]
to finish (vt)	lõpetama	[lɜpetama]
to fly (vi)	lendama	[lendama]
to follow ... (come after)	järgnema ...	[jærgnema ...]
to forget (vi, vt)	unustama	[unusʲtama]
to forgive (vt)	andeks andma	[andeks andma]
to give (vt)	andma	[andma]
to give a hint	vihjama	[ʋihjama]
to go (on foot)	minema	[minema]
to go for a swim	suplema	[suplema]
to go out (for dinner, etc.)	välja tulema	[ʋælja tulema]
to guess (the answer)	ära arvama	[æra arʋama]
to have (vt)	omama	[omama]
to have breakfast	hommikust sööma	[hommikusʲt søːma]
to have dinner	õhtust sööma	[ɜhtusʲt søːma]
to have lunch	lõunat sööma	[lɜunat søːma]
to hear (vt)	kuulma	[kuːlʲma]
to help (vt)	aitama	[aitama]
to hide (vt)	peitma	[pejtma]
to hope (vi, vt)	lootma	[loːtma]
to hunt (vi, vt)	jahil käima	[jahilʲ kæjma]
to hurry (vi)	kiirustama	[kiːrusʲtama]

15. The most important verbs. Part 3

to inform (vt)	teavitama	[teavitama]
to insist (vi, vt)	nõudma	[nɜudma]
to insult (vt)	solvama	[solʲuama]
to invite (vt)	kutsuma	[kutsuma]
to joke (vi)	nalja tegema	[nalja tegema]

to keep (vt)	säilitama	[sæjlitama]
to keep silent	vaikima	[uaikima]
to kill (vt)	tapma	[tapma]
to know (sb)	tundma	[tundma]
to know (sth)	teadma	[teadma]
to laugh (vi)	naerma	[naerma]

to liberate (city, etc.)	vabastama	[uabasʲtama]
to like (I like …)	meeldima	[meːlʲdima]
to look for … (search)	otsima …	[otsima …]
to love (sb)	armastama	[armasʲtama]
to make a mistake	eksima	[eksima]
to manage, to run	juhtima	[juhtima]
to mean (signify)	tähendama	[tæhendama]
to mention (talk about)	meelde tuletama	[meːlʲde tuletama]
to miss (school, etc.)	puuduma	[puːduma]
to notice (see)	märkama	[mærkama]

to object (vi, vt)	vastu vaidlema	[uasʲtu uaitlema]
to observe (see)	jälgima	[jælʲgima]
to open (vt)	lahti tegema	[lahti tegema]
to order (meal, etc.)	tellima	[telʲima]
to order (mil.)	käskima	[kæskima]
to own (possess)	valdama	[ualʲdama]
to participate (vi)	osa võtma	[osa uɜtma]
to pay (vi, vt)	maksma	[maksma]
to permit (vt)	lubama	[lubama]
to plan (vt)	planeerima	[planeːrima]
to play (children)	mängima	[mængima]

to pray (vi, vt)	palvetama	[palʲuetama]
to prefer (vt)	eelistama	[eːlisʲtama]
to promise (vt)	lubama	[lubama]
to pronounce (vt)	hääldama	[hæːlʲdama]
to propose (vt)	pakkuma	[pakkuma]
to punish (vt)	karistama	[karisʲtama]

16. The most important verbs. Part 4

to read (vi, vt)	lugema	[lugema]
to recommend (vt)	soovitama	[soːuitama]

to refuse (vi, vt)	keelduma	[ke:lʲduma]
to regret (be sorry)	kahetsema	[kahetsema]
to rent (sth from sb)	üürima	[ʉːrima]
to repeat (say again)	kordama	[kordama]
to reserve, to book	reserveerima	[reserʋe:rima]
to run (vi)	jooksma	[jo:ksma]
to save (rescue)	päästma	[pæːsʲtma]
to say (~ thank you)	ütlema	[ʉtlema]
to scold (vt)	sõimama	[sɜimama]
to see (vt)	nägema	[nægema]
to sell (vt)	müüma	[mʉːma]
to send (vt)	saatma	[sa:tma]
to shoot (vi)	tulistama	[tulisʲtama]
to shout (vi)	karjuma	[karjuma]
to show (vt)	näitama	[næjtama]
to sign (document)	allkirjastama	[alʲkirjasʲtama]
to sit down (vi)	istuma	[isʲtuma]
to smile (vi)	naeratama	[naeratama]
to speak (vi, vt)	rääkima	[ræ:kima]
to steal (money, etc.)	varastama	[ʋarasʲtama]
to stop (for pause, etc.)	peatuma	[peatuma]
to stop (please ~ calling me)	katkestama	[katkesʲtama]
to study (vt)	uurima	[u:rima]
to swim (vi)	ujuma	[ujuma]
to take (vt)	võtma	[ʋɜtma]
to think (vi, vt)	mõtlema	[mɜtlema]
to threaten (vt)	ähvardama	[æhʋardama]
to touch (with hands)	puudutama	[pu:dutama]
to translate (vt)	tõlkima	[tɜlʲkima]
to trust (vt)	usaldama	[usalʲdama]
to try (attempt)	proovima	[pro:ʋima]
to turn (e.g., ~ left)	pöörama	[pø:rama]
to underestimate (vt)	alahindama	[alahindama]
to understand (vt)	aru saama	[aru sa:ma]
to unite (vt)	ühendama	[ʉhendama]
to wait (vt)	ootama	[o:tama]
to want (wish, desire)	tahtma	[tahtma]
to warn (vt)	hoiatama	[hojatama]
to work (vi)	töötama	[tø:tama]
to write (vt)	kirjutama	[kirjutama]
to write down	üles kirjutama	[ʉles kirjutama]

TIME. CALENDAR

T&P Books Publishing

Monday	esmaspäev	[esmaspæəu]
Tuesday	teisipäev	[tejsipæəu]
Wednesday	kolmapäev	[kolʲmapæəu]
Thursday	neljapäev	[neljapæəu]
Friday	reede	[re:de]
Saturday	laupäev	[laupæəu]
Sunday	pühapäev	[pʉhapæəu]

today (adv)	täna	[tæna]
tomorrow (adv)	homme	[homme]
the day after tomorrow	ülehomme	[ʉlehomme]
yesterday (adv)	eile	[ejle]
the day before yesterday	üleeile	[ʉle:jle]

day	päev	[pæəu]
working day	tööpäev	[tø:pæəu]
public holiday	pidupäev	[pidupæəu]
day off	puhkepäev	[puhkepæəu]
weekend	nädalavahetus	[nædalaʋahetus]

all day long	terve päev	[terʋe pæəu]
the next day (adv)	järgmiseks päevaks	[jærgmiseks pæəuaks]
two days ago	kaks päeva tagasi	[kaks pæəua tagasi]
the day before	eile õhtul	[ejle ɜhtulʲ]
daily (adj)	igapäevane	[igapæəuane]
every day (adv)	iga päev	[iga pæəu]

week	nädal	[nædalʲ]
last week (adv)	möödunud nädalal	[mø:dunut nædalalʲ]
next week (adv)	järgmisel nädalal	[jærgmiselʲ nædalalʲ]
weekly (adj)	iganädalane	[iganædalane]
every week (adv)	igal nädalal	[igalʲ nædalalʲ]
twice a week	kaks korda nädalas	[kaks korda nædalas]
every Tuesday	igal teisipäeval	[igalʲ tejsipæəualʲ]

morning	hommik	[hommik]
in the morning	hommikul	[hommikulʲ]
noon, midday	keskpäev	[keskpæəu]
in the afternoon	pärast lõunat	[pærasʲt lɜunat]
evening	õhtu	[ɜhtu]

in the evening	õhtul	[ɜhtulʲ]
night	öö	[ø:]
at night	öösel	[ø:selʲ]
midnight	kesköö	[keskø:]
second	sekund	[sekunt]
minute	minut	[minut]
hour	tund	[tunt]
half an hour	pool tundi	[po:lʲ tundi]
a quarter-hour	veerand tundi	[ʋe:rant tundi]
fifteen minutes	viisteist minutit	[ʋi:sʲtejsʲt minutit]
24 hours	ööpäev	[ø:pæeʋ]
sunrise	päikesetõus	[pæjkesetɜus]
dawn	koit	[kojt]
early morning	varahommik	[ʋarahommik]
sunset	loojang	[lo:jang]
early in the morning	hommikul vara	[hommikulʲ ʋara]
this morning	täna hommikul	[tæna hommikulʲ]
tomorrow morning	homme hommikul	[homme hommikulʲ]
this afternoon	täna päeval	[tæna pæeʋalʲ]
in the afternoon	pärast lõunat	[pærasʲt lɜunat]
tomorrow afternoon	homme pärast lõunat	[homme pærasʲt lɜunat]
tonight (this evening)	täna õhtul	[tæna ɜhtulʲ]
tomorrow night	homme õhtul	[homme ɜhtulʲ]
at 3 o'clock sharp	täpselt kell kolm	[tæpselʲt kelʲ kolʲm]
about 4 o'clock	umbes kell neli	[umbes kelʲ neli]
by 12 o'clock	kella kaheteistkümneks	[kelʲæ kahetejsʲtkɯmneks]
in 20 minutes	kahekümne minuti pärast	[kahekɯmne minuti pærasʲt]
in an hour	tunni aja pärast	[tunni aja pærasʲt]
on time (adv)	õigeks ajaks	[ɜigeks ajaks]
a quarter of …	kolmveerand	[kolʲmʋe:rant]
within an hour	tunni aja jooksul	[tunni aja jo:ksulʲ]
every 15 minutes	iga viieteist minuti tagant	[iga ʋi:etejsʲt minuti tagant]
round the clock	terve ööpäev	[terʋe ø:pæeʋ]

19. Months. Seasons

January	jaanuar	[ja:nuar]
February	veebruar	[ʋe:bruar]
March	märts	[mærts]
April	aprill	[aprilʲ]

| May | mai | [mai] |
| June | juuni | [juːni] |

July	juuli	[juːli]
August	august	[augusʲt]
September	september	[september]
October	oktoober	[oktoːber]
November	november	[nouember]
December	detsember	[detsember]

spring	kevad	[keuat]
in spring	kevadel	[keuadelʲ]
spring (as adj)	kevadine	[keuadine]

summer	suvi	[suui]
in summer	suvel	[suuelʲ]
summer (as adj)	suvine	[suuine]

fall	sügis	[sʉgis]
in fall	sügisel	[sʉgiselʲ]
fall (as adj)	sügisene	[sʉgisene]

winter	talv	[talʲu]
in winter	talvel	[talʲuelʲ]
winter (as adj)	talvine	[talʲuine]

month	kuu	[kuː]
this month	selles kuus	[selʲes kuːs]
next month	järgmises kuus	[jærgmises kuːs]
last month	möödunud kuus	[møːdunut kuːs]

a month ago	kuu aega tagasi	[kuː aega tagasi]
in a month (a month later)	kuu aja pärast	[kuː aja pærasʲt]
in 2 months (2 months later)	kahe kuu pärast	[kahe kuː pærasʲt]
the whole month	terve kuu	[terue kuː]
all month long	terve kuu	[terue kuː]

monthly (~ magazine)	igakuine	[igakuine]
monthly (adv)	igas kuus	[igas kuːs]
every month	iga kuu	[iga kuː]
twice a month	kaks korda kuus	[kaks korda kuːs]

year	aasta	[aːsʲta]
this year	sel aastal	[selʲ aːsʲtalʲ]
next year	järgmisel aastal	[jærgmiselʲ aːsʲtalʲ]
last year	möödunud aastal	[møːdunut aːsʲtalʲ]

a year ago	aasta tagasi	[aːsʲta tagasi]
in a year	aasta pärast	[aːsʲta pærasʲt]
in two years	kahe aasta pärast	[kahe aːsʲta pærasʲt]
the whole year	kogu aasta	[kogu aːsʲta]

all year long	terve aasta	[terʋe a:sʲta]
every year	igal aastal	[igalʲ a:sʲtalʲ]
annual (adj)	iga-aastane	[iga-a:sʲtane]
annually (adv)	igal aastal	[igalʲ a:sʲtalʲ]
4 times a year	neli korda aastas	[neli korda a:sʲtas]
date (e.g., today's ~)	kuupäev	[ku:pæeʋ]
date (e.g., ~ of birth)	kuupäev	[ku:pæeʋ]
calendar	kalender	[kalender]
half a year	pool aastat	[po:lʲ a:sʲtat]
six months	poolaasta	[po:la:sʲta]
season (summer, etc.)	hooaeg	[ho:aeg]
century	sajand	[sajant]

TRAVEL. HOTEL

T&P Books Publishing

20. Trip. Travel

tourism, travel	**turism**	[turism]
tourist	**turist**	[turisʲt]
trip, voyage	**reis**	[rejs]
adventure	**seiklus**	[sejklus]
trip, journey	**sõit**	[sɜit]
vacation	**puhkus**	[puhkus]
to be on vacation	**puhkusel olema**	[puhkuselʲ olema]
rest	**puhkus**	[puhkus]
train	**rong**	[rong]
by train	**rongiga**	[rongiga]
airplane	**lennuk**	[lennuk]
by airplane	**lennukiga**	[lennukiga]
by car	**autoga**	[autoga]
by ship	**laevaga**	[laeʋaga]
luggage	**pagas**	[pagas]
suitcase	**kohver**	[kohʋer]
luggage cart	**pagasikäru**	[pagasikæru]
passport	**pass**	[pass]
visa	**viisa**	[ʋiːsa]
ticket	**pilet**	[pilet]
air ticket	**lennukipilet**	[lennukipilet]
guidebook	**teejuht**	[teːjuht]
map (tourist ~)	**kaart**	[kaːrt]
area (rural ~)	**ala**	[ala]
place, site	**koht**	[koht]
exotica (n)	**eksootika**	[eksoːtika]
exotic (adj)	**eksootiline**	[eksoːtiline]
amazing (adj)	**üllatav**	[ʉlʲætaʋ]
group	**grupp**	[grupp]
excursion, sightseeing tour	**ekskursioon**	[ekskursioːn]
guide (person)	**ekskursioonijuht**	[ekskursioːnijuht]

21. Hotel

hotel	**võõrastemaja**	[ʋɜːrasʲtemaja]
hotel	**hotell**	[hotelʲ]

motel	motell	[motelʲ]
three-star (~ hotel)	kolm tärni	[kolʲm tærni]
five-star	viis tärni	[ʋi:s tærni]
to stay (in a hotel, etc.)	peatuma	[peatuma]

room	number	[number]
single room	üheinimesetuba	[ɥhejnimesetuba]
double room	kaheinimesetuba	[kahejnimesetuba]
to book a room	tuba kinni panema	[tuba kinni panema]

half board	poolpansion	[po:lʲpansion]
full board	täispansion	[tæjspansion]
with bath	vannitoaga	[ʋannitoaga]
with shower	dušiga	[duʃiga]
satellite television	satelliittelevisioon	[satelʲi:tteleʋisio:n]
air-conditioner	konditsioneer	[konditsione:r]
towel	käterätik	[kæterætik]
key	võti	[ʋɔti]

administrator	administraator	[adminisʲtra:tor]
chambermaid	toatüdruk	[toatɥdruk]
porter, bellboy	pakikandja	[pakikandja]
doorman	uksehoidja	[uksehojdja]

restaurant	restoran	[resʲtoran]
pub, bar	baar	[ba:r]
breakfast	hommikusöök	[hommikusø:k]
dinner	õhtusöök	[ɜhtusø:k]
buffet	rootsi laud	[ro:tsi laut]

| lobby | vestibüül | [ʋesʲtibɥ:lʲ] |
| elevator | lift | [lift] |

| DO NOT DISTURB | **MITTE SEGADA** | [mitte segada] |
| NO SMOKING | **MITTE SUITSETADA!** | [mitte suitsetada!] |

22. Sightseeing

monument	mälestussammas	[mælesʲtussammas]
fortress	kindlus	[kintlus]
palace	loss	[loss]
castle	loss	[loss]
tower	torn	[torn]
mausoleum	mausoleum	[mausoleum]

architecture	arhitektuur	[arhitektu:r]
medieval (adj)	keskaegne	[keskaegne]
ancient (adj)	vanaaegne	[ʋana:egne]
national (adj)	rahvuslik	[rahʋuslik]
famous (monument, etc.)	tuntud	[tuntut]

tourist	**turist**	[turisⁱt]
guide (person)	**giid**	[gi:t]
excursion, sightseeing tour	**ekskursioon**	[ekskursio:n]
to show (vt)	**näitama**	[næjtama]
to tell (vt)	**jutustama**	[jutusⁱtama]
to find (vt)	**leidma**	[lejdma]
to get lost (lose one's way)	**ära kaduma**	[æra kaduma]
map (e.g., subway ~)	**skeem**	[ske:m]
map (e.g., city ~)	**plaan**	[pla:n]
souvenir, gift	**suveniir**	[suʋeni:r]
gift shop	**suveniirikauplus**	[suʋeni:rikauplus]
to take pictures	**pildistama**	[pilⁱdisⁱtama]
to have one's picture taken	**laskma pildistada**	[laskma pilⁱdisⁱtada]

TRANSPORTATION

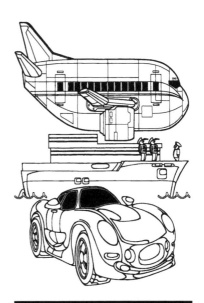

T&P Books Publishing

airport	**lennujaam**	[lennuja:m]
airplane	**lennuk**	[lennuk]
airline	**lennukompanii**	[lennukompani:]
air traffic controller	**dispetšer**	[dispetʃer]
departure	**väljalend**	[ʋæljalent]
arrival	**saabumine**	[sa:bumine]
to arrive (by plane)	**saabuma**	[sa:buma]
departure time	**väljalennuaeg**	[ʋæljalennuaeg]
arrival time	**saabumisaeg**	[sa:bumisaeg]
to be delayed	**hilinema**	[hilinema]
flight delay	**väljalend hilineb**	[ʋæljalent hilineb]
information board	**teadetetabloo**	[teadetetablo:]
information	**teave**	[teaʋe]
to announce (vt)	**teatama**	[teatama]
flight (e.g., next ~)	**reis**	[rejs]
customs	**toll**	[tolʲ]
customs officer	**tolliametnik**	[tolʲiametnik]
customs declaration	**deklaratsioon**	[deklaratsio:n]
to fill out (vt)	**täitma**	[tæjtma]
to fill out the declaration	**deklaratsiooni täitma**	[deklaratsio:ni tæjtma]
passport control	**passikontroll**	[passikontrolʲ]
luggage	**pagas**	[pagas]
hand luggage	**käsipakid**	[kæsipakit]
luggage cart	**pagasikäru**	[pagasikæru]
landing	**maandumine**	[ma:ndumine]
landing strip	**maandumisrada**	[ma:ndumisrada]
to land (vi)	**maanduma**	[ma:nduma]
airstairs	**lennukitrepp**	[lennukitrepp]
check-in	**registreerimine**	[regisʲtre:rimine]
check-in counter	**registreerimiselett**	[regisʲtre:rimiselett]
to check-in (vi)	**registreerima**	[regisʲtre:rima]
boarding pass	**lennukissemineku talong**	[lennukissemineku talong]
departure gate	**lennukisse minek**	[lennukisse minek]
transit	**transiit**	[transi:t]
to wait (vt)	**ootama**	[o:tama]

departure lounge	ooteruum	[o:teru:m]
to see off	saatma	[sa:tma]
to say goodbye	hüvasti jätma	[hʉʋasʲti jætma]

24. Airplane

airplane	lennuk	[lennuk]
air ticket	lennukipilet	[lennukipilet]
airline	lennukompanii	[lennukompani:]
airport	lennujaam	[lennuja:m]
supersonic (adj)	ülehelikiiruse	[ʉleheliki:ruse]

captain	lennukikomandör	[lennukikomandør]
crew	meeskond	[me:skont]
pilot	piloot	[pilo:t]
flight attendant (fem.)	stjuardess	[sʲtjuardess]
navigator	tüürimees	[tʉ:rime:s]

wings	tiivad	[ti:ʋat]
tail	saba	[saba]
cockpit	kabiin	[kabi:n]
engine	mootor	[mo:tor]
undercarriage (landing gear)	telik	[telik]
turbine	turbiin	[turbi:n]

propeller	propeller	[propelʲer]
black box	must kast	[musʲt kasʲt]
yoke (control column)	tüür	[tʉ:r]
fuel	kütus	[kʉtus]
safety card	instruktsioon	[insʲtruktsio:n]
oxygen mask	hapnikumask	[hapnikumask]
uniform	vormiriietus	[ʋormiri:etus]
life vest	päästevest	[pæ:sʲteʋesʲt]
parachute	langevari	[langeʋari]

takeoff	õhkutõusmine	[ɜhkutɜusmine]
to take off (vi)	õhku tõusma	[ɜhku tɜusma]
runway	tõusurada	[tɜusurada]

visibility	nähtavus	[næhtaʋus]
flight (act of flying)	lend	[lent]
altitude	kõrgus	[kɜrgus]
air pocket	õhuauk	[ɜhuauk]

seat	koht	[koht]
headphones	kõrvaklapid	[kɜrʋaklapit]
folding tray (tray table)	klapplaud	[klapplaut]
airplane window	illuminaator	[ilʲumina:tor]
aisle	vahekäik	[ʋahekæjk]

25. Train

train	rong	[rong]
commuter train	elektrirong	[elektrirong]
express train	kiirrong	[ki:rrong]
diesel locomotive	mootorvedur	[mo:toruedur]
steam locomotive	auruvedur	[auruuedur]

passenger car	vagun	[uagun]
dining car	restoranvagun	[resitoranuagun]

rails	rööpad	[rø:pat]
railroad	raudtee	[raudte:]
railway tie	liiper	[li:per]

platform (railway ~)	platvorm	[platuorm]
track (~ 1, 2, etc.)	tee	[te:]
semaphore	semafor	[semafor]
station	jaam	[ja:m]

engineer (train driver)	vedurijuht	[uedurijuht]
porter (of luggage)	pakikandja	[pakikandja]
car attendant	vagunisaatja	[uagunisa:tja]
passenger	reisija	[rejsija]
conductor (ticket inspector)	kontrolör	[kontrolør]

corridor (in train)	koridor	[koridor]
emergency brake	hädapidur	[hædapidur]

compartment	kupee	[kupe:]
berth	nari	[nari]
upper berth	ülemine nari	[ʉlemine nari]
lower berth	alumine nari	[alumine nari]
bed linen, bedding	voodipesu	[uo:dipesu]

ticket	pilet	[pilet]
schedule	sõiduplaan	[sɜidupla:n]
information display	tabloo	[tablo:]

to leave, to depart	väljuma	[uæljuma]
departure (of train)	väljumine	[uæljumine]
to arrive (ab. train)	saabuma	[sa:buma]
arrival	saabumine	[sa:bumine]

to arrive by train	rongiga saabuma	[rongiga sa:buma]
to get on the train	rongile minema	[rongile minema]
to get off the train	rongilt maha minema	[rongilit maha minema]
train wreck	rongiõnnetus	[rongiɜnnetus]
to derail (vi)	rööbastelt maha jooksma	[rø:basitelit maha jo:ksma]

steam locomotive	auruvedur	[auruʋedur]
stoker, fireman	kütja	[kʉtja]
firebox	kolle	[kolʲe]
coal	süsi	[sʉsi]

26. Ship

| ship | laev | [laeʋ] |
| vessel | laev | [laeʋ] |

steamship	aurik	[aurik]
riverboat	mootorlaev	[mo:torlaeʋ]
cruise ship	liinilaev	[li:nilaeʋ]
cruiser	ristleja	[risʲtleja]

yacht	jaht	[jaht]
tugboat	puksiir	[puksi:r]
barge	lodi	[lodi]
ferry	parvlaev	[parʋlaeʋ]

| sailing ship | purjelaev | [purjelaeʋ] |
| brigantine | brigantiin | [briganti:n] |

| ice breaker | jäälõhkuja | [jæ:lɜhkuja] |
| submarine | allveelaev | [alʲʋe:laeʋ] |

boat (flat-bottomed ~)	paat	[pa:t]
dinghy	luup	[lu:p]
lifeboat	päästepaat	[pæ:sʲtepa:t]
motorboat	kaater	[ka:ter]

captain	kapten	[kapten]
seaman	madrus	[madrus]
sailor	meremees	[mereme:s]
crew	meeskond	[me:skont]

boatswain	pootsman	[po:tsman]
ship's boy	junga	[junga]
cook	kokk	[kokk]
ship's doctor	laevaarst	[laeʋa:rsʲt]

deck	tekk	[tekk]
mast	mast	[masʲt]
sail	puri	[puri]

hold	trümm	[trʉmm]
bow (prow)	vöör	[ʋø:r]
stern	ahter	[ahter]
oar	aer	[aer]
screw propeller	kruvi	[kruʋi]

cabin	**kajut**	[kajut]
wardroom	**ühiskajut**	[ʉhiskajut]
engine room	**masinaruum**	[masinaru:m]
bridge	**kaptenisild**	[kaptenisilʲt]
radio room	**raadiosõlm**	[ra:diosɜlʲm]
wave (radio)	**raadiolaine**	[ra:diolaine]
logbook	**logiraamat**	[logira:mat]
spyglass	**pikksilm**	[pikksilʲm]
bell	**kirikukell**	[kirikukelʲ]
flag	**lipp**	[lipp]
hawser (mooring ~)	**köis**	[køis]
knot (bowline, etc.)	**sõlm**	[sɜlʲm]
deckrails	**käsipuu**	[kæsipu:]
gangway	**trapp**	[trapp]
anchor	**ankur**	[ankur]
to weigh anchor	**ankur sisse**	[ankur sisse]
to drop anchor	**ankur välja**	[ankur ʋælja]
anchor chain	**ankrukett**	[ankrukett]
port (harbor)	**sadam**	[sadam]
quay, wharf	**sadam**	[sadam]
to berth (moor)	**randuma**	[randuma]
to cast off	**kaldast eemalduma**	[kalʲdasʲt e:malʲduma]
trip, voyage	**reis**	[rejs]
cruise (sea trip)	**kruiis**	[krui:s]
course (route)	**kurss**	[kurss]
route (itinerary)	**marsruut**	[marsru:t]
fairway	**laevasõidutee**	[laeʋasɜidute:]
(safe water channel)		
shallows	**madalik**	[madalik]
to run aground	**madalikule jääma**	[madalikule jæ:ma]
storm	**torm**	[torm]
signal	**signaal**	[signa:lʲ]
to sink (vi)	**uppuma**	[uppuma]
Man overboard!	**Mees üle parda!**	[me:s ʉle parda!]
SOS (distress signal)	**SOS**	[sos]
ring buoy	**päästerõngas**	[pæ:sʲterɜngas]

CITY

T&P Books Publishing

27. Urban transportation

bus	**buss**	[buss]
streetcar	**tramm**	[tramm]
trolley bus	**troll**	[trolʲ]
route (of bus, etc.)	**marsruut**	[marsru:t]
number (e.g., bus ~)	**number**	[number]
to go by …	**… sõitma**	[… sɜitma]
to get on (~ the bus)	**sisenema**	[sisenema]
to get off …	**maha minema**	[maha minema]
stop (e.g., bus ~)	**peatus**	[peatus]
next stop	**järgmine peatus**	[jærgmine peatus]
terminus	**lõpp-peatus**	[lɜpp-peatus]
schedule	**sõiduplaan**	[sɜidupla:n]
to wait (vt)	**ootama**	[o:tama]
ticket	**pilet**	[pilet]
fare	**pileti hind**	[pileti hint]
cashier (ticket seller)	**kassiir**	[kassi:r]
ticket inspection	**piletikontroll**	[piletikontrolʲ]
ticket inspector	**kontrolör**	[kontrolør]
to be late (for …)	**hilinema**	[hilinema]
to miss (~ the train, etc.)	**hiljaks jääma**	[hiljaks jæ:ma]
to be in a hurry	**ruttama**	[ruttama]
taxi, cab	**takso**	[takso]
taxi driver	**taksojuht**	[taksojuht]
by taxi	**taksoga**	[taksoga]
taxi stand	**taksopeatus**	[taksopeatus]
to call a taxi	**taksot välja kutsuma**	[taksot ʋælja kutsuma]
to take a taxi	**taksot võtma**	[taksot ʋɜtma]
traffic	**tänavaliiklus**	[tænaʋali:klus]
traffic jam	**liiklusummik**	[li:klusummik]
rush hour	**tipptund**	[tipptunt]
to park (vi)	**parkima**	[parkima]
to park (vt)	**parkima**	[parkima]
parking lot	**parkla**	[parkla]
subway	**metroo**	[metro:]
station	**jaam**	[ja:m]
to take the subway	**metrooga sõitma**	[metro:ga sɜitma]

| train | rong | [rong] |
| train station | raudteejaam | [raudte:ja:m] |

28. City. Life in the city

city, town	linn	[linn]
capital city	pealinn	[pealinn]
village	küla	[kʉla]

city map	linnaplaan	[linnapla:n]
downtown	kesklinn	[kesklinn]
suburb	linnalähedane asula	[linnalʲæhedane asula]
suburban (adj)	linnalähedane	[linnalʲæhedane]

outskirts	äärelinn	[æ:relinn]
environs (suburbs)	ümbrus	[ʉmbrus]
city block	kvartal	[kʋartalʲ]
residential block (area)	elamukvartal	[elamukʋartalʲ]

traffic	liiklus	[li:klus]
traffic lights	valgusfoor	[ʋalʲgusfo:r]
public transportation	linnatransport	[linnatransport]
intersection	ristmik	[risʲtmik]

crosswalk	ülekäik	[ʉlekæjk]
pedestrian underpass	jalakäijate tunnel	[jalakæjjate tunnelʲ]
to cross (~ the street)	üle tänava minema	[ʉle tænaʋa minema]
pedestrian	jalakäija	[jalakæjja]
sidewalk	kõnnitee	[kɜnnite:]

bridge	sild	[silʲt]
embankment (river walk)	kaldapealne	[kalʲdapealʲne]
fountain	purskkaev	[purskkaeʋ]

allée (garden walkway)	allee	[alʲe:]
park	park	[park]
boulevard	puiestee	[puiesʲte:]
square	väljak	[ʋæljak]
avenue (wide street)	prospekt	[prospekt]
street	tänav	[tænaʋ]
side street	põiktänav	[pɜiktænaʋ]
dead end	umbtänav	[umbtænaʋ]

house	maja	[maja]
building	hoone	[ho:ne]
skyscraper	pilvelõhkuja	[pilʲʋelɜhkuja]

facade	fassaad	[fassa:t]
roof	katus	[katus]
window	aken	[aken]

arch	võlv	[ʋɜlʲʋ]
column	sammas	[sammas]
corner	nurk	[nurk]

store window	vaateaken	[ʋa:teaken]
signboard (store sign, etc.)	silt	[silʲt]
poster	kuulutus	[ku:lutus]
advertising poster	reklaamiplakat	[rekla:miplakat]
billboard	reklaamikilp	[rekla:mikilʲp]

garbage, trash	prügi	[prʉgi]
trashcan (public ~)	prügiurn	[prʉgiurn]
to litter (vi)	prahti maha viskama	[prahti maha ʋiskama]
garbage dump	prügimägi	[prʉgimægi]

phone booth	telefoniputka	[telefoniputka]
lamppost	laternapost	[laternaposʲt]
bench (park ~)	pink	[pink]

police officer	politseinik	[politsejnik]
police	politsei	[politsej]
beggar	kerjus	[kerjus]
homeless (n)	pätt	[pætt]

29. Urban institutions

store	kauplus	[kauplus]
drugstore, pharmacy	apteek	[apte:k]
eyeglass store	optika	[optika]
shopping mall	kaubanduskeskus	[kaubanduskeskus]
supermarket	supermarket	[supermarket]

bakery	leivapood	[lejʋapo:t]
baker	pagar	[pagar]
pastry shop	kondiitripood	[kondi:tripo:t]
grocery store	toidupood	[tojdupo:t]
butcher shop	lihakarn	[lihakarn]

| produce store | juurviljapood | [ju:rʋiljapo:t] |
| market | turg | [turg] |

coffee house	kohvik	[kohʋik]
restaurant	restoran	[resʲtoran]
pub, bar	õllebaar	[ɜlʲeba:r]
pizzeria	pitsabaar	[pitsaba:r]

hair salon	juuksurisalong	[ju:ksurisalong]
post office	postkontor	[posʲtkontor]
dry cleaners	keemiline puhastus	[ke:miline puhasʲtus]
photo studio	fotoateljee	[fotoatelje:]

shoe store	kingapood	[kingapo:t]
bookstore	raamatukauplus	[ra:matukauplus]
sporting goods store	sporditarvete kauplus	[sporditarʋete kauplus]
clothes repair shop	riieteparandus	[ri:eteparandus]
formal wear rental	riietelaenutus	[ri:etelaenutus]
video rental store	filmilaenutus	[filʲmilaenutus]
circus	tsirkus	[tsirkus]
zoo	loomaaed	[lo:ma:et]
movie theater	kino	[kino]
museum	muuseum	[mu:seum]
library	raamatukogu	[ra:matukogu]
theater	teater	[teater]
opera (opera house)	ooper	[o:per]
nightclub	ööklubi	[ø:klubi]
casino	kasiino	[kasi:no]
mosque	mošee	[moʃe:]
synagogue	sünagoog	[sʉnago:g]
cathedral	katedraal	[katedra:lʲ]
temple	pühakoda	[pʉhakoda]
church	kirik	[kirik]
college	instituut	[insʲtitu:t]
university	ülikool	[ʉliko:lʲ]
school	kool	[ko:lʲ]
prefecture	linnaosa valitsus	[linnaosa ʋalitsus]
city hall	linnavalitsus	[linnaʋalitsus]
hotel	hotell	[hotelʲ]
bank	pank	[pank]
embassy	suursaatkond	[su:rsa:tkont]
travel agency	reisibüroo	[rejsibʉro:]
information office	teadete büroo	[teadete bʉro:]
currency exchange	rahavahetus	[rahaʋahetus]
subway	metroo	[metro:]
hospital	haigla	[haigla]
gas station	tankla	[tankla]
parking lot	parkla	[parkla]

30. Signs

signboard (store sign, etc.)	silt	[silʲt]
notice (door sign, etc.)	pealkiri	[pealʲkiri]
poster	plakat	[plakat]

| direction sign | teeviit | [te:ʋi:t] |
| arrow (sign) | nool | [no:lʲ] |

caution	hoiatus	[hojatus]
warning sign	hoiatus	[hojatus]
to warn (vt)	hoiatama	[hojatama]

rest day (weekly ~)	puhkepäev	[puhkepæeʋ]
timetable (schedule)	sõiduplaan	[sɜidupla:n]
opening hours	töötunnid	[tø:tunnit]

WELCOME!	TERE TULEMAST!	[tere tulemasʲt!]
ENTRANCE	SISSEPÄÄS	[sissepæ:s]
EXIT	VÄLJAPÄÄS	[ʋæljapæ:s]

PUSH	LÜKKA	[lʉkka]
PULL	TÕMBA	[tɜmba]
OPEN	AVATUD	[aʋatut]
CLOSED	SULETUD	[suletut]

| WOMEN | NAISTELE | [naisʲtele] |
| MEN | MEESTELE | [me:sʲtele] |

| DISCOUNTS | SOODUSTUSED | [so:dusʲtuset] |
| SALE | VÄLJAMÜÜK | [ʋæljamʉ:k] |

| NEW! | UUS KAUP! | [u:s kaup!] |
| FREE | TASUTA | [tasuta] |

ATTENTION!	ETTEVAATUST!	[etteʋa:tusʲt!]
NO VACANCIES	TÄIELIKULT	[tæjelikulʲt
	BRONEERITUD	brone:ritut]
RESERVED	RESERVEERITUD	[reserʋe:ritut]

| ADMINISTRATION | JUHTKOND | [juhtkont] |
| STAFF ONLY | AINULT PERSONALILE | [ainulʲt personalile] |

BEWARE OF THE DOG!	KURI KOER	[kuri koer]
NO SMOKING	MITTE SUITSETADA!	[mitte suitsetada!]
DO NOT TOUCH!	MITTE PUUTUDA!	[mitte pu:tuda!]

DANGEROUS	OHTLIK	[ohtlik]
DANGER	OHT	[oht]
HIGH VOLTAGE	KÕRGEPINGE	[kɜrgepinge]

| NO SWIMMING! | UJUMINE KEELATUD! | [ujumine ke:latud!] |
| OUT OF ORDER | EI TÖÖTA | [ej tø:ta] |

FLAMMABLE	TULEOHTLIK	[tuleohtlik]
FORBIDDEN	KEELATUD	[ke:latut]
NO TRESPASSING!	LÄBIKÄIK KEELATUD	[lʲæbikæjk ke:latut]
WET PAINT	VÄRSKE VÄRV	[ʋærske ʋærʋ]

31. Shopping

to buy (purchase)	**ostma**	[os'tma]
purchase	**ost**	[os't]
to go shopping	**oste tegema**	[os'te tegema]
shopping	**šoppamine**	[ʃoppamine]
to be open (ab. store)	**lahti olema**	[lahti olema]
to be closed	**kinni olema**	[kinni olema]
footwear, shoes	**jalatsid**	[jalatsit]
clothes, clothing	**riided**	[ri:det]
cosmetics	**kosmeetika**	[kosme:tika]
food products	**toiduained**	[tojduainet]
gift, present	**kingitus**	[kingitus]
salesman	**müüja**	[mʉ:ja]
saleswoman	**müüja**	[mʉ:ja]
check out, cash desk	**kassa**	[kassa]
mirror	**peegel**	[pe:gel']
counter (store ~)	**lett**	[lett]
fitting room	**proovikabiin**	[pro:ʋikabi:n]
to try on	**selga proovima**	[sel'ga pro:ʋima]
to fit (ab. dress, etc.)	**paras olema**	[paras olema]
to like (I like ...)	**meeldima**	[me:l'dima]
price	**hind**	[hint]
price tag	**hinnalipik**	[hinnalipik]
to cost (vt)	**maksma**	[maksma]
How much?	**Kui palju?**	[kui palju?]
discount	**allahindlus**	[al'æhintlus]
inexpensive (adj)	**odav**	[odaʋ]
cheap (adj)	**odav**	[odaʋ]
expensive (adj)	**kallis**	[kal'is]
It's expensive	**See on kallis.**	[se: on kal'is]
rental (n)	**laenutus**	[laenutus]
to rent (~ a tuxedo)	**laenutama**	[laenutama]
credit (trade credit)	**pangalaen**	[pangalaen]
on credit (adv)	**krediiti võtma**	[kredi:ti ʋɜtma]

CLOTHING & ACCESSORIES

T&P Books Publishing

32. Outerwear. Coats

clothes	riided	[ri:det]
outerwear	üleriided	[ʉleri:det]
winter clothing	talveriided	[talʲʋeri:det]

coat (overcoat)	mantel	[mantelʲ]
fur coat	kasukas	[kasukas]
fur jacket	poolkasukas	[po:lʲkasukas]
down coat	sulejope	[sulejope]

jacket (e.g., leather ~)	jope	[jope]
raincoat (trenchcoat, etc.)	vihmamantel	[ʋihmamantelʲ]
waterproof (adj)	veekindel	[ʋe:kindelʲ]

33. Men's & women's clothing

shirt (button shirt)	särk	[særk]
pants	püksid	[pʉksit]
jeans	teksapüksid	[teksapʉksit]
suit jacket	pintsak	[pintsak]
suit	ülikond	[ʉlikont]

dress (frock)	kleit	[klejt]
skirt	seelik	[se:lik]
blouse	pluus	[plu:s]
knitted jacket (cardigan, etc.)	villane jakk	[ʋilʲæne jakk]
jacket (of woman's suit)	pluus	[plu:s]

T-shirt	T-särk	[t-særk]
shorts (short trousers)	põlvpüksid	[pɜlʲʋpʉksit]
tracksuit	dress	[dress]
bathrobe	hommikumantel	[hommikumantelʲ]
pajamas	pidžaama	[pidʒa:ma]

sweater	sviiter	[sʋi:ter]
pullover	pullover	[pulʲoʋer]

vest	vest	[ʋesʲt]
tailcoat	frakk	[frakk]
tuxedo	smoking	[smoking]
uniform	vormiriietus	[ʋormiri:etus]
workwear	tööriietus	[tø:ri:etus]

| overalls | kombinesoon | [kombineso:n] |
| coat (e.g., doctor's smock) | kittel | [kittelʲ] |

34. Clothing. Underwear

underwear	pesu	[pesu]
boxers, briefs	trussikud	[trussikut]
panties	trussikud	[trussikut]
undershirt (A-shirt)	alussärk	[alussærk]
socks	sokid	[sokit]

nightgown	öösärk	[ø:særk]
bra	rinnahoidja	[rinnahojdja]
knee highs	põlvikud	[pɜlʲʋikut]
(knee-high socks)		
pantyhose	sukkpüksid	[sukkpʉksit]
stockings (thigh highs)	sukad	[sukat]
bathing suit	trikoo	[triko:]

35. Headwear

hat	müts	[mʉts]
fedora	kaabu	[ka:bu]
baseball cap	pesapallimüts	[pesapalʲimʉts]
flatcap	soni	[soni]

beret	barett	[barett]
hood	kapuuts	[kapu:ts]
panama hat	panama	[panama]
knit cap (knitted hat)	kootud müts	[ko:tut mʉts]

| headscarf | rätik | [rætik] |
| women's hat | kübar | [kʉbar] |

hard hat	kiiver	[ki:ʋer]
garrison cap	pilotka	[pilotka]
helmet	lendurimüts	[lendurimʉts]

| derby | kübar | [kʉbar] |
| top hat | silinder | [silinder] |

36. Footwear

footwear	jalatsid	[jalatsit]
shoes (men's shoes)	poolsaapad	[po:lʲsa:pat]
shoes (women's shoes)	kingad	[kingat]

| boots (e.g., cowboy ~) | saapad | [sa:pat] |
| slippers | sussid | [sussit] |

tennis shoes (e.g., Nike ~)	tossud	[tossut]
sneakers	ketsid	[ketsit]
(e.g., Converse ~)		
sandals	sandaalid	[sanda:lit]

cobbler (shoe repairer)	kingsepp	[kingsepp]
heel	konts	[konts]
pair (of shoes)	paar	[pa:r]

| shoestring | kingapael | [kingapaelʲ] |
| to lace (vt) | kingapaelu siduma | [kingapaelu siduma] |

| shoehorn | kingalusikas | [kingalusikas] |
| shoe polish | kingakreem | [kingakre:m] |

37. Personal accessories

gloves	sõrmkindad	[sɜrmkindat]
mittens	labakindad	[labakindat]
scarf (muffler)	sall	[salʲ]

glasses (eyeglasses)	prillid	[prilʲit]
frame (eyeglass ~)	prilliraamid	[prilʲira:mit]
umbrella	vihmavari	[uihmauari]
walking stick	jalutuskepp	[jalutuskepp]

| hairbrush | juuksehari | [ju:ksehari] |
| fan | lehvik | [lehuik] |

| tie (necktie) | lips | [lips] |
| bow tie | kikilips | [kikilips] |

| suspenders | traksid | [traksit] |
| handkerchief | taskurätik | [taskurætik] |

| comb | kamm | [kamm] |
| barrette | juukseklamber | [ju:kseklamber] |

| hairpin | juuksenõel | [ju:ksenƷelʲ] |
| buckle | pannal | [pannalʲ] |

| belt | vöö | [uø:] |
| shoulder strap | rihm | [rihm] |

bag (handbag)	kott	[kott]
purse	käekott	[kæəkott]
backpack	seljakott	[seljakott]

38. Clothing. Miscellaneous

fashion	mood	[mo:t]
in vogue (adj)	moodne	[mo:dne]
fashion designer	moekunstnik	[moekunsɪtnik]
collar	krae	[krae]
pocket	tasku	[tasku]
pocket (as adj)	tasku-	[tasku-]
sleeve	varrukas	[ʋarrukas]
hanging loop	tripp	[tripp]
fly (on trousers)	püksiauk	[pʉksiauk]
zipper (fastener)	tõmblukk	[tɜmblukk]
fastener	kinnis	[kinnis]
button	nööp	[nø:p]
buttonhole	nööpauk	[nø:pauk]
to come off (ab. button)	eest ära tulema	[e:sɪt æra tulema]
to sew (vi, vt)	õmblema	[ɜmblema]
to embroider (vi, vt)	tikkima	[tikkima]
embroidery	tikkimine	[tikkimine]
sewing needle	nõel	[nɜelʲ]
thread	niit	[ni:t]
seam	õmblus	[ɜmblus]
to get dirty (vi)	ära määrima	[æra mæ:rima]
stain (mark, spot)	plekk	[plekk]
to crease, crumple (vi)	kortsu minema	[kortsu minema]
to tear, to rip (vt)	katki minema	[katki minema]
clothes moth	koi	[koj]

39. Personal care. Cosmetics

toothpaste	hambapasta	[hambapasɪta]
toothbrush	hambahari	[hambahari]
to brush one's teeth	hambaid pesema	[hambait pesema]
razor	pardel	[pardelʲ]
shaving cream	habemeajamiskreem	[habemeajamiskre:m]
to shave (vi)	habet ajama	[habet ajama]
soap	seep	[se:p]
shampoo	šampoon	[ʃampo:n]
scissors	käärid	[kæ:rit]
nail file	küüneviil	[kʉ:neʋi:lʲ]
nail clippers	küünekäärid	[kʉ:nekæ:rit]
tweezers	pintsett	[pintsett]

cosmetics	kosmeetika	[kosme:tika]
face mask	mask	[mask]
manicure	maniküür	[manikɐ:r]
to have a manicure	maniküüri tegema	[manikɐ:ri tegema]
pedicure	pediküür	[pedikɐ:r]

make-up bag	kosmeetikakott	[kosme:tikakott]
face powder	puuder	[pu:der]
powder compact	puudritoos	[pu:drito:s]
blusher	põsepuna	[pɜsepuna]

perfume (bottled)	lõhnaõli	[lɜhnaɜli]
toilet water (lotion)	tualettvesi	[tualettʋesi]
lotion	näovesi	[næoʋesi]
cologne	odekolonn	[odekolonn]

eyeshadow	lauvärv	[lauʋæru]
eyeliner	silmapliiats	[silʲmapli:ats]
mascara	ripsmetušš	[ripsmetuʃʃ]

lipstick	huulepulk	[hu:lepulʲk]
nail polish, enamel	küünelakk	[kɐ:nelakk]
hair spray	juukselakk	[ju:kselakk]
deodorant	desodorant	[desodorant]

cream	kreem	[kre:m]
face cream	näokreem	[næokre:m]
hand cream	kätekreem	[kætekre:m]
anti-wrinkle cream	kortsudevastane kreem	[kortsudeʋasʲtane kre:m]
day cream	päevakreem	[pæeʋakre:m]
night cream	öökreem	[ø:kre:m]
day (as adj)	päeva-	[pæeʋa-]
night (as adj)	öö-	[ø:-]

tampon	tampoon	[tampo:n]
toilet paper (toilet roll)	tualettpaber	[tualettpaber]
hair dryer	föön	[fø:n]

40. Watches. Clocks

watch (wristwatch)	käekell	[kæekelʲ]
dial	sihverplaat	[sihʋerpla:t]
hand (of clock, watch)	osuti	[osuti]
metal watch band	kellarihm	[kelʲærihm]
watch strap	kellarihm	[kelʲærihm]

battery	patarei	[patarej]
to be dead (battery)	tühjaks saama	[tɐhjaks sa:ma]
to change a battery	patareid vahetama	[patarejt ʋahetama]
to run fast	ette käima	[ette kæjma]

to run slow	**taha jääma**	[taha jæːma]
wall clock	**seinakell**	[sejnakelʲ]
hourglass	**liivakell**	[liːʋakelʲ]
sundial	**päiksekell**	[pæjksekelʲ]
alarm clock	**äratuskell**	[æratuskelʲ]
watchmaker	**kellassepp**	[kelʲæssepp]
to repair (vt)	**parandama**	[parandama]

EVERYDAY EXPERIENCE

T&P Books Publishing

money	raha	[raha]
currency exchange	vahetus	[ʋahetus]
exchange rate	kurss	[kurss]
ATM	pangaautomaat	[paŋga:utoma:t]
coin	münt	[mʉnt]

| dollar | dollar | [dolʲær] |
| euro | euro | [euro] |

lira	liir	[liːr]
Deutschmark	mark	[mark]
franc	frank	[frank]
pound sterling	naelsterling	[naelʲsʲterliŋ]
yen	jeen	[jeːn]

debt	võlg	[ʋɤlʲg]
debtor	võlgnik	[ʋɤlʲgnik]
to lend (money)	võlgu andma	[ʋɤlʲgu andma]
to borrow (vi, vt)	võlgu võtma	[ʋɤlʲgu ʋɤtma]

bank	pank	[pank]
account	pangakonto	[paŋgakonto]
to deposit (vt)	panema	[panema]
to deposit into the account	arvele panema	[arʋele panema]
to withdraw (vt)	arvelt võtma	[arʋelʲt ʋɤtma]

credit card	krediidikaart	[kredi:dika:rt]
cash	sularaha	[sularaha]
check	tšekk	[tʃekk]
to write a check	tšekki välja kirjutama	[tʃekki ʋælja kirjutama]
checkbook	tšekiraamat	[tʃekira:mat]

wallet	rahatasku	[rahatasku]
change purse	rahakott	[rahakott]
safe	seif	[sejf]

heir	pärija	[pærija]
inheritance	pärandus	[pærandus]
fortune (wealth)	varandus	[ʋarandus]

lease	rent	[rent]
rent (money)	korteriüür	[korteriʉ:r]
to rent (sth from sb)	üürima	[ʉ:rima]
price	hind	[hint]

| cost | maksumus | [maksumus] |
| sum | summa | [summa] |

to spend (vt)	raiskama	[raiskama]
expenses	kulutused	[kulutuset]
to economize (vi, vt)	kokku hoidma	[kokku hojdma]
economical	kokkuhoidlik	[kokkuhojtlik]

to pay (vi, vt)	tasuma	[tasuma]
payment	maksmine	[maksmine]
change (give the ~)	tagasiantav raha	[tagasiantaʊ raha]

tax	maks	[maks]
fine	trahv	[trahʊ]
to fine (vt)	trahvima	[trahʊima]

42. Post. Postal service

post office	postkontor	[posⁱtkontor]
mail (letters, etc.)	post	[posⁱt]
mailman	postiljon	[posⁱtiljon]
opening hours	töötunnid	[tø:tunnit]

letter	kiri	[kiri]
registered letter	tähitud kiri	[tæhitut kiri]
postcard	postkaart	[posⁱtka:rt]
telegram	telegramm	[telegramm]
package (parcel)	pakk	[pakk]
money transfer	rahaülekanne	[rahaʉlekanne]

to receive (vt)	kätte saama	[kætte sa:ma]
to send (vt)	saatma	[sa:tma]
sending	saatmine	[sa:tmine]
address	aadress	[a:dress]
ZIP code	indeks	[indeks]
sender	saatja	[sa:tja]
receiver	saaja	[sa:ja]

| name (first name) | eesnimi | [e:snimi] |
| surname (last name) | perekonnanimi | [perekonnanimi] |

postage rate	tariif	[tari:f]
standard (adj)	harilik	[harilik]
economical (adj)	soodustariif	[so:dusⁱtari:f]

weight	kaal	[ka:lʲ]
to weigh (~ letters)	kaaluma	[ka:luma]
envelope	ümbrik	[ʉmbrik]
postage stamp	mark	[mark]
to stamp an envelope	marki peale kleepima	[marki peale kle:pima]

43. Banking

bank	pank	[pank]
branch (of bank, etc.)	osakond	[osakont]
bank clerk, consultant	konsultant	[konsulʲtant]
manager (director)	juhataja	[juhataja]
bank account	pangakonto	[pangakonto]
account number	arve number	[arʋe number]
checking account	jooksev arve	[jo:kseʋ arʋe]
savings account	kogumisarve	[kogumisarʋe]
to open an account	arvet avama	[arʋet aʋama]
to close the account	arvet lõpetama	[arʋet lɜpetama]
to deposit into the account	arvele panema	[arʋele panema]
to withdraw (vt)	arvelt võtma	[arʋelʲt ʋɜtma]
deposit	hoius	[hojus]
to make a deposit	hoiust tegema	[hojusʲt tegema]
wire transfer	ülekanne	[ʉlekanne]
to wire, to transfer	üle kandma	[ʉle kandma]
sum	summa	[summa]
How much?	Kui palju?	[kui palju?]
signature	allkiri	[alʲkiri]
to sign (vt)	allkirjastama	[alʲkirjasʲtama]
credit card	krediidikaart	[kredi:dika:rt]
code (PIN code)	kood	[ko:t]
credit card number	krediidikaardi number	[kredi:dika:rdi number]
ATM	pangaautomaat	[panga:utoma:t]
check	tšekk	[tʃekk]
to write a check	tšekki välja kirjutama	[tʃekki ʋælja kirjutama]
checkbook	tšekiraamat	[tʃekira:mat]
loan (bank ~)	pangalaen	[pangalaen]
to apply for a loan	laenu taotlema	[laenu taotlema]
to get a loan	laenu võtma	[laenu ʋɜtma]
to give a loan	laenu andma	[laenu andma]
guarantee	tagatis	[tagatis]

44. Telephone. Phone conversation

telephone	telefon	[telefon]
cell phone	mobiiltelefon	[mobi:lʲtelefon]
answering machine	automaatvastaja	[automa:tʋasʲtaja]

| to call (by phone) | helistama | [helisˈtama] |
| phone call | telefonihelin | [telefonihelin] |

to dial a number	numbrit valima	[numbrit ʋalima]
Hello!	hallo!	[halˈo!]
to ask (vt)	küsima	[kʉsima]
to answer (vi, vt)	vastama	[ʋasˈtama]

to hear (vt)	kuulma	[ku:lʲma]
well (adv)	hästi	[hæsˈti]
not well (adv)	halvasti	[halʲʋasˈti]
noises (interference)	häired	[hæjret]

receiver	telefonitoru	[telefonitoru]
to pick up (~ the phone)	toru hargilt võtma	[toru hargilʲt ʋɜtma]
to hang up (~ the phone)	toru hargile panema	[toru hargile panema]

busy (engaged)	liin on kinni	[li:n on kinni]
to ring (ab. phone)	telefon heliseb	[telefon heliseb]
telephone book	telefoniraamat	[telefonira:mat]

local (adj)	kohalik	[kohalik]
local call	kohalik kõne	[kohalik kɜne]
long distance (~ call)	kauge-	[kauge-]
long-distance call	kaugekõne	[kaugekɜne]
international (adj)	rahvusvaheline	[rahʋusʋaheline]
international call	rahvusvaheline kõne	[rahʋusʋaheline kɜne]

45. Cell phone

cell phone	mobiiltelefon	[mobi:lʲtelefon]
display	kuvar	[kuʋar]
button	nupp	[nupp]
SIM card	SIM-kaart	[sim-ka:rt]

battery	patarei	[patarej]
to be dead (battery)	tühjaks minema	[tʉhjaks minema]
charger	laadimisseade	[la:dimisseade]

menu	menüü	[menʉ:]
settings	häälestused	[hæ:lesˈtuset]
tune (melody)	viis	[ʋi:s]
to select (vt)	valima	[ʋalima]

calculator	kalkulaator	[kalʲkula:tor]
voice mail	automaatvastaja	[automa:tʋasˈtaja]
alarm clock	äratuskell	[æratuskelʲ]
contacts	telefoniraamat	[telefonira:mat]
SMS (text message)	SMS-sõnum	[sms-sɜnum]
subscriber	abonent	[abonent]

133

46. Stationery

| ballpoint pen | pastakas | [pasʲtakas] |
| fountain pen | sulepea | [sulepea] |

pencil	pliiats	[pli:ats]
highlighter	marker	[marker]
felt-tip pen	viltpliiats	[ʋilʲtpli:ats]

| notepad | klade | [klade] |
| agenda (diary) | päevik | [pæeʋik] |

ruler	joonlaud	[jo:nlaut]
calculator	kalkulaator	[kalʲkula:tor]
eraser	kustutuskumm	[kusʲtutuskumm]
thumbtack	rõhknael	[rɜhknaelʲ]
paper clip	kirjaklamber	[kirjaklamber]

glue	liim	[li:m]
stapler	stepler	[sʲtepler]
hole punch	auguraud	[auguraut]
pencil sharpener	pliiatsiteritaja	[pli:atsiteritaja]

47. Foreign languages

language	keel	[ke:lʲ]
foreign (adj)	võõr-	[ʋɜ:r-]
foreign language	võõrkeel	[ʋɜ:rke:lʲ]
to study (vt)	uurima	[u:rima]
to learn (language, etc.)	õppima	[ɜppima]

to read (vi, vt)	lugema	[lugema]
to speak (vi, vt)	rääkima	[ræ:kima]
to understand (vt)	aru saama	[aru sa:ma]
to write (vt)	kirjutama	[kirjutama]

fast (adv)	kiiresti	[ki:resʲti]
slowly (adv)	aeglaselt	[aeglaselʲt]
fluently (adv)	vabalt	[ʋabalʲt]

rules	reeglid	[re:glit]
grammar	grammatika	[grammatika]
vocabulary	sõnavara	[sɜnaʋara]
phonetics	foneetika	[fone:tika]

textbook	õpik	[ɜpik]
dictionary	sõnaraamat	[sɜnara:mat]
teach-yourself book	õpik iseõppijaile	[ɜpik iseɜppijaile]
phrasebook	vestmik	[ʋesʲtmik]

cassette, tape	kassett	[kassett]
videotape	videokassett	[ʋideokassett]
CD, compact disc	CD-plaat	[tsede plaːt]
DVD	DVD	[dʋt]

alphabet	tähestik	[tæhesⁱtik]
to spell (vt)	veerima	[ʋeːrima]
pronunciation	hääldamine	[hæːlⁱdamine]

accent	aktsent	[aktsent]
with an accent	aktsendiga	[aktsendiga]
without an accent	ilma aktsendita	[ilⁱma aktsendita]

| word | sõna | [sɜna] |
| meaning | mõiste | [mɜisⁱte] |

course (e.g., a French ~)	kursused	[kursuset]
to sign up	kirja panema	[kirja panema]
teacher	õppejõud	[ɜppejɜut]

translation (process)	tõlkimine	[tɜlⁱkimine]
translation (text, etc.)	tõlge	[tɜlⁱge]
translator	tõlk	[tɜlⁱk]
interpreter	tõlk	[tɜlⁱk]

| polyglot | polüglott | [polʉglott] |
| memory | mälu | [mælu] |

MEALS. RESTAURANT

T&P Books Publishing

48. Table setting

spoon	**lusikas**	[lusikas]
knife	**nuga**	[nuga]
fork	**kahvel**	[kahʋelʲ]
cup (e.g., coffee ~)	**tass**	[tass]
plate (dinner ~)	**taldrik**	[talʲdrik]
saucer	**alustass**	[alusʲtass]
napkin (on table)	**salvrätik**	[salʲʋrætik]
toothpick	**hambaork**	[hambaork]

49. Restaurant

restaurant	**restoran**	[resʲtoran]
coffee house	**kohvituba**	[kohʋituba]
pub, bar	**baar**	[ba:r]
tearoom	**teesalong**	[te:salong]
waiter	**kelner**	[kelʲner]
waitress	**ettekandja**	[ettekandja]
bartender	**baarimees**	[ba:rime:s]
menu	**menüü**	[menʉ:]
wine list	**veinikaart**	[ʋejnika:rt]
to book a table	**lauda kinni panema**	[lauda kinni panema]
course, dish	**roog**	[ro:g]
to order (meal)	**tellima**	[telʲima]
to make an order	**tellimust andma**	[telʲimusʲt andma]
aperitif	**aperitiiv**	[aperiti:ʋ]
appetizer	**suupiste**	[su:pisʲte]
dessert	**magustoit**	[magusʲtojt]
check	**arve**	[arʋe]
to pay the check	**arvet maksma**	[arʋet maksma]
to give change	**raha tagasi andma**	[raha tagasi andma]
tip	**jootraha**	[jo:traha]

50. Meals

food	**söök**	[sø:k]
to eat (vi, vt)	**sööma**	[sø:ma]

breakfast	hommikusöök	[hommikusø:k]
to have breakfast	hommikust sööma	[hommikusʲt sø:ma]
lunch	lõuna	[lɜuna]
to have lunch	lõunat sööma	[lɜunat sø:ma]
dinner	õhtusöök	[ɜhtusø:k]
to have dinner	õhtust sööma	[ɜhtusʲt sø:ma]

appetite	söögiisu	[sø:gi:su]
Enjoy your meal!	Head isu!	[heat isu!]

to open (~ a bottle)	avama	[auama]
to spill (liquid)	maha valama	[maha ualama]
to spill out (vi)	maha voolama	[maha uo:lama]

to boil (vi)	keema	[ke:ma]
to boil (vt)	keetma	[ke:tma]
boiled (~ water)	keedetud	[ke:detut]
to chill, cool down (vt)	jahutama	[jahutama]
to chill (vi)	jahtuma	[jahtuma]

taste, flavor	maitse	[maitse]
aftertaste	kõrvalmaitse	[kɜrualʲmaitse]

to slim down (lose weight)	kaalus alla võtma	[ka:lus alʲæ uɜtma]
diet	dieet	[die:t]
vitamin	vitamiin	[uitami:n]
calorie	kalor	[kalor]
vegetarian (n)	taimetoitlane	[taimetojtlane]
vegetarian (adj)	taimetoitluslik	[taimetojtluslik]

fats (nutrient)	rasvad	[rasuat]
proteins	valgud	[ualʲgut]
carbohydrates	süsivesikud	[sɯsiuesikut]
slice (of lemon, ham)	viil	[ui:lʲ]
piece (of cake, pie)	tükk	[tɯkk]
crumb (of bread, cake, etc.)	puru	[puru]

51. Cooked dishes

course, dish	roog	[ro:g]
cuisine	köök	[kø:k]
recipe	retsept	[retsept]
portion	portsjon	[portsjon]

salad	salat	[salat]
soup	supp	[supp]

clear soup (broth)	puljong	[puljong]
sandwich (bread)	võileib	[uɜjlejb]

fried eggs	munaroog	[munaro:g]
hamburger (beefburger)	hamburger	[hamburger]
beefsteak	biifsteek	[bi:fsʲte:k]

side dish	lisand	[lisant]
spaghetti	spagetid	[spagetit]
mashed potatoes	kartulipüree	[kartulipʉre:]
pizza	pitsa	[pitsa]
porridge (oatmeal, etc.)	puder	[puder]
omelet	omlett	[omlett]

boiled (e.g., ~ beef)	keedetud	[ke:detut]
smoked (adj)	suitsutatud	[suitsutatut]
fried (adj)	praetud	[praetut]
dried (adj)	kuivatatud	[kuiʋatatut]
frozen (adj)	külmutatud	[kʉlʲmutatut]
pickled (adj)	marineeritud	[marine:ritut]

sweet (sugary)	magus	[magus]
salty (adj)	soolane	[so:lane]
cold (adj)	külm	[kʉlʲm]
hot (adj)	kuum	[ku:m]
bitter (adj)	mõru	[mɜru]
tasty (adj)	maitsev	[maitseʋ]

to cook in boiling water	keetma	[ke:tma]
to cook (dinner)	süüa tegema	[sʉ:a tegema]
to fry (vt)	praadima	[pra:dima]
to heat up (food)	soojendama	[so:jendama]

to salt (vt)	soolama	[so:lama]
to pepper (vt)	pipardama	[pipardama]
to grate (vt)	riivima	[ri:ʋima]
peel (n)	koor	[ko:r]
to peel (vt)	koorima	[ko:rima]

52. Food

meat	liha	[liha]
chicken	kana	[kana]
Rock Cornish hen (poussin)	kanapoeg	[kanapoeg]
duck	part	[part]
goose	hani	[hani]
game	metslinnud	[metslinnut]
turkey	kalkun	[kalʲkun]

pork	sealiha	[sealiha]
veal	vasikaliha	[ʋasikaliha]
lamb	lambaliha	[lambaliha]

beef	**loomaliha**	[lo:maliha]
rabbit	**küülik**	[kʉ:lik]
sausage (bologna, pepperoni, etc.)	**vorst**	[ʋorsʲt]
vienna sausage (frankfurter)	**viiner**	[ʋi:ner]
bacon	**peekon**	[pe:kon]
ham	**sink**	[sink]
gammon	**sink**	[sink]
pâté	**pasteet**	[pasʲte:t]
liver	**maks**	[maks]
hamburger (ground beef)	**hakkliha**	[hakkliha]
tongue	**keel**	[ke:lʲ]
egg	**muna**	[muna]
eggs	**munad**	[munat]
egg white	**munavalge**	[munaʋalʲge]
egg yolk	**munakollane**	[munakolʲæne]
fish	**kala**	[kala]
seafood	**mereannid**	[mereannit]
crustaceans	**koorikloomad**	[ko:riklo:mat]
caviar	**kalamari**	[kalamari]
crab	**krabi**	[krabi]
shrimp	**krevett**	[kreʋett]
oyster	**auster**	[ausʲter]
spiny lobster	**langust**	[langusʲt]
octopus	**kaheksajalg**	[kaheksajalʲg]
squid	**kalmaar**	[kalʲma:r]
sturgeon	**tuurakala**	[tu:rakala]
salmon	**lõhe**	[lɜhe]
halibut	**paltus**	[palʲtus]
cod	**tursk**	[tursk]
mackerel	**skumbria**	[skumbria]
tuna	**tuunikala**	[tu:nikala]
eel	**angerjas**	[angerjas]
trout	**forell**	[forelʲ]
sardine	**sardiin**	[sardi:n]
pike	**haug**	[haug]
herring	**heeringas**	[he:ringas]
bread	**leib**	[lejb]
cheese	**juust**	[ju:sʲt]
sugar	**suhkur**	[suhkur]
salt	**sool**	[so:lʲ]
rice	**riis**	[ri:s]

| pasta (macaroni) | makaronid | [makaronit] |
| noodles | lintnuudlid | [lintnu:tlit] |

butter	või	[ʋɜi]
vegetable oil	taimeõli	[taimeɜli]
sunflower oil	päevalilleõli	[pæeʋaliljeɜli]
margarine	margariin	[margari:n]

| olives | oliivid | [oli:ʋit] |
| olive oil | oliivõli | [oli:ʋɜli] |

milk	piim	[pi:m]
condensed milk	kondenspiim	[kondenspi:m]
yogurt	jogurt	[jogurt]
sour cream	hapukoor	[hapuko:r]
cream (of milk)	koor	[ko:r]

| mayonnaise | majonees | [majone:s] |
| buttercream | kreem | [kre:m] |

cereal grains (wheat, etc.)	tangud	[tangut]
flour	jahu	[jahu]
canned food	konservid	[konserʋit]

cornflakes	maisihelbed	[maisiheljbet]
honey	mesi	[mesi]
jam	džemm	[dʒemm]
chewing gum	närimiskumm	[nærimiskumm]

53. Drinks

water	vesi	[ʋesi]
drinking water	joogivesi	[jo:giʋesi]
mineral water	mineraalvesi	[minera:ljʋesi]

still (adj)	gaasita	[ga:sita]
carbonated (adj)	gaseeritud	[gase:ritut]
sparkling (adj)	gaasiga	[ga:siga]
ice	jää	[jæ:]
with ice	jääga	[jæ:ga]

non-alcoholic (adj)	alkoholivaba	[aljkoholiʋaba]
soft drink	alkoholivaba jook	[aljkoholiʋaba jo:k]
refreshing drink	karastusjook	[karasjtusjo:k]
lemonade	limonaad	[limona:t]

liquors	alkohoolsed joogid	[aljkoho:ljset jo:git]
wine	vein	[ʋejn]
white wine	valge vein	[ʋaljge ʋejn]
red wine	punane vein	[punane ʋejn]

liqueur	liköör	[likø:r]
champagne	šampus	[ʃampus]
vermouth	vermut	[ʋermut]

whiskey	viski	[ʋiski]
vodka	viin	[ʋi:n]
gin	džinn	[dʒinn]
cognac	konjak	[konjak]
rum	rumm	[rumm]

coffee	kohv	[kohʊ]
black coffee	must kohv	[musʲt kohʊ]
coffee with milk	piimaga kohv	[pi:maga kohʊ]
cappuccino	koorega kohv	[ko:rega kohʊ]
instant coffee	lahustuv kohv	[lahusʲtuʊ kohʊ]

milk	piim	[pi:m]
cocktail	kokteil	[koktejlʲ]
milkshake	piimakokteil	[pi:makoktejlʲ]

juice	mahl	[mahlʲ]
tomato juice	tomatimahl	[tomatimahlʲ]
orange juice	apelsinimahl	[apelʲsinimahlʲ]
freshly squeezed juice	värskelt pressitud mahl	[ʋærskelʲt pressitut mahlʲ]

beer	õlu	[ɜlu]
light beer	hele õlu	[hele ɜlu]
dark beer	tume õlu	[tume ɜlu]

tea	tee	[te:]
black tea	must tee	[musʲt te:]
green tea	roheline tee	[roheline te:]

54. Vegetables

| vegetables | juurviljad | [ju:rʋiljat] |
| greens | maitseroheline | [maitseroheline] |

tomato	tomat	[tomat]
cucumber	kurk	[kurk]
carrot	porgand	[porgant]
potato	kartul	[kartulʲ]
onion	sibul	[sibulʲ]
garlic	küüslauk	[kʉ:slauk]

cabbage	kapsas	[kapsas]
cauliflower	lillkapsas	[lilʲkapsas]
Brussels sprouts	brüsseli kapsas	[brʉsseli kapsas]
broccoli	brokkoli	[brokkoli]
beetroot	peet	[pe:t]

eggplant	baklažaan	[baklaʒaːn]
zucchini	suvikõrvits	[suʋikɜrʋits]
pumpkin	kõrvits	[kɜrʋits]
turnip	naeris	[naeris]

parsley	petersell	[peterselʲ]
dill	till	[tilʲ]
lettuce	salat	[salat]
celery	seller	[selʲer]
asparagus	aspar	[aspar]
spinach	spinat	[spinat]

pea	hernes	[hernes]
beans	oad	[oat]
corn (maize)	mais	[mais]
kidney bean	aedoad	[aedoat]

bell pepper	pipar	[pipar]
radish	redis	[redis]
artichoke	artišokk	[artiʃokk]

55. Fruits. Nuts

fruit	puuvili	[puːʋili]
apple	õun	[ɜun]
pear	pirn	[pirn]
lemon	sidrun	[sidrun]
orange	apelsin	[apelʲsin]
strawberry (garden ~)	aedmaasikas	[aedmaːsikas]

mandarin	mandariin	[mandariːn]
plum	ploom	[ploːm]
peach	virsik	[ʋirsik]
apricot	aprikoos	[aprikoːs]
raspberry	vaarikas	[ʋaːrikas]
pineapple	ananass	[ananass]

banana	banaan	[banaːn]
watermelon	arbuus	[arbuːs]
grape	viinamarjad	[ʋiːnamarjat]
sour cherry	kirss	[kirss]
sweet cherry	murel	[murelʲ]
melon	melon	[melon]

grapefruit	greip	[grejp]
avocado	avokaado	[aʋokaːdo]
papaya	papaia	[papaia]
mango	mango	[mango]
pomegranate	granaatõun	[granaːtɜun]
redcurrant	punane sõstar	[punane sɜsʲtar]

blackcurrant	must sõstar	[musʲt sɜsʲtar]
gooseberry	karusmari	[karusmari]
bilberry	mustikas	[musʲtikas]
blackberry	põldmari	[pɜlʲdmari]

raisin	rosinad	[rosinat]
fig	ingver	[inguer]
date	dattel	[dattelʲ]

peanut	maapähkel	[ma:pæhkelʲ]
almond	mandlipähkel	[mantlipæhkelʲ]
walnut	kreeka pähkel	[kre:ka pæhkelʲ]
hazelnut	sarapuupähkel	[sarapu:pæhkelʲ]
coconut	kookospähkel	[ko:kospæhkelʲ]
pistachios	pistaatsiapähkel	[pisʲta:tsiapæhkelʲ]

56. Bread. Candy

bakers' confectionery (pastry)	kondiitritooted	[kondi:trito:tet]
bread	leib	[lejb]
cookies	küpsis	[kʉpsis]

chocolate (n)	šokolaad	[ʃokola:t]
chocolate (as adj)	šokolaadi-	[ʃokola:di-]
candy (wrapped)	komm	[komm]
cake (e.g., cupcake)	kook	[ko:k]
cake (e.g., birthday ~)	tort	[tort]

| pie (e.g., apple ~) | pirukas | [pirukas] |
| filling (for cake, pie) | täidis | [tæjdis] |

jam (whole fruit jam)	moos	[mo:s]
marmalade	marmelaad	[marmela:t]
waffles	vahvlid	[uahulit]
ice-cream	jäätis	[jæ:tis]

57. Spices

salt	sool	[so:lʲ]
salty (adj)	soolane	[so:lane]
to salt (vt)	soolama	[so:lama]

black pepper	must pipar	[musʲt pipar]
red pepper (milled ~)	punane pipar	[punane pipar]
mustard	sinep	[sinep]
horseradish	mädarõigas	[mædarɜigas]
condiment	maitseaine	[maitseaine]

spice	**vürts**	[ʋɐrts]
sauce	**kaste**	[kasʲte]
vinegar	**äädikas**	[æ:dikas]
anise	**aniis**	[ani:s]
basil	**basiilik**	[basi:lik]
cloves	**nelk**	[nelʲk]
ginger	**ingver**	[ingʋer]
coriander	**koriander**	[koriander]
cinnamon	**kaneel**	[kane:lʲ]
sesame	**seesamiseemned**	[se:samise:mnet]
bay leaf	**loorber**	[lo:rber]
paprika	**paprika**	[paprika]
caraway	**köömned**	[kø:mnet]
saffron	**safran**	[safran]

PERSONAL
INFORMATION. FAMILY

T&P Books Publishing

58. Personal information. Forms

name (first name)	**eesnimi**	[e:snimi]
surname (last name)	**perekonnnimi**	[perekonnnimi]
date of birth	**sünniaeg**	[sʉnniaeg]
place of birth	**sünnikoht**	[sʉnnikoht]
nationality	**rahvus**	[rahʊus]
place of residence	**elukoht**	[elukoht]
country	**riik**	[ri:k]
profession (occupation)	**elukutse**	[elukutse]
gender, sex	**sugu**	[sugu]
height	**kasv**	[kasʊ]
weight	**kaal**	[ka:lʲ]

59. Family members. Relatives

mother	**ema**	[ema]
father	**isa**	[isa]
son	**poeg**	[poeg]
daughter	**tütar**	[tʉtar]
younger daughter	**noorem tütar**	[no:rem tʉtar]
younger son	**noorem poeg**	[no:rem poeg]
eldest daughter	**vanem tütar**	[ʊanem tʉtar]
eldest son	**vanem poeg**	[ʊanem poeg]
brother	**vend**	[ʊent]
elder brother	**vanem vend**	[ʊanem ʊent]
younger brother	**noorem vend**	[no:rem ʊent]
sister	**õde**	[ɜde]
elder sister	**vanem õde**	[ʊanem ɜde]
younger sister	**noorem õde**	[no:rem ɜde]
cousin (masc.)	**onupoeg**	[onupoeg]
cousin (fem.)	**onutütar**	[onutʉtar]
mom, mommy	**mamma**	[mamma]
dad, daddy	**papa**	[papa]
parents	**vanemad**	[ʊanemat]
child	**laps**	[laps]
children	**lapsed**	[lapset]
grandmother	**vanaema**	[ʊanaema]
grandfather	**vanaisa**	[ʊanaisa]

grandson	lapselaps	[lapselaps]
grandfather	lapselaps	[lapselaps]
granddaughter	lapselaps	[lapselaps]
grandchildren	lapselapsed	[lapselapset]

uncle	onu	[onu]
aunt	tädi	[tædi]
nephew	vennapoeg	[ʋennapoeg]
niece	vennatütar	[ʋennatʉtar]

mother-in-law (wife's mother)	ämm	[æmm]
father-in-law (husband's father)	äi	[æj]
son-in-law (daughter's husband)	väimees	[ʋæjmeːs]
stepmother	võõrasema	[ʋɜːrasema]
stepfather	võõrasisa	[ʋɜːrasisa]

infant	rinnalaps	[rinnalaps]
baby (infant)	imik	[imik]
little boy, kid	väikelaps	[ʋæjkelaps]

wife	naine	[naine]
husband	mees	[meːs]
spouse (husband)	abikaasa	[abikaːsa]
spouse (wife)	abikaasa	[abikaːsa]

married (masc.)	abielus	[abielus]
married (fem.)	abielus	[abielus]
single (unmarried)	vallaline	[ʋalʲæline]
bachelor	vanapoiss	[ʋanapojss]
divorced (masc.)	lahutatud	[lahutatut]
widow	lesk	[lesk]
widower	lesk	[lesk]

relative	sugulane	[sugulane]
close relative	lähedane sugulane	[lʲæhedane sugulane]
distant relative	kaugelt sugulane	[kaugelʲt sugulane]
relatives	sugulased	[sugulaset]

orphan (boy or girl)	orb	[orb]
guardian (of a minor)	eestkostja	[eːsʲtkosʲtja]
to adopt (a boy)	lapsendama	[lapsendama]
to adopt (a girl)	lapsendama	[lapsendama]

60. Friends. Coworkers

friend (masc.)	sõber	[sɜber]
friend (fem.)	sõbranna	[sɜbranna]
friendship	sõprus	[sɜprus]

to be friends	sõber olla	[sɜber olʲæ]
buddy (masc.)	sõber	[sɜber]
buddy (fem.)	sõbranna	[sɜbranna]
partner	partner	[partner]

chief (boss)	šeff	[ʃeff]
superior (n)	ülemus	[ʉlemus]
owner, proprietor	omanik	[omanik]
subordinate (n)	alluv	[alʲuʋ]
colleague	kolleeg	[kolʲe:g]

acquaintance (person)	tuttav	[tuttaʋ]
fellow traveler	teekaaslane	[te:ka:slane]
classmate	klassikaaslane	[klassika:slane]

neighbor (masc.)	naaber	[na:ber]
neighbor (fem.)	naabrinaine	[na:brinaine]
neighbors	naabrid	[na:brit]

HUMAN BODY. MEDICINE

T&P Books Publishing

head	**pea**	[pea]
face	**nägu**	[nægu]
nose	**nina**	[nina]
mouth	**suu**	[su:]
eye	**silm**	[silʲm]
eyes	**silmad**	[silʲmat]
pupil	**silmatera**	[silʲmatera]
eyebrow	**kulm**	[kulʲm]
eyelash	**ripse**	[ripse]
eyelid	**silmalaug**	[silʲmalaug]
tongue	**keel**	[ke:lʲ]
tooth	**hammas**	[hammas]
lips	**huuled**	[hu:let]
cheekbones	**põsesarnad**	[pɜsesarnat]
gum	**ige**	[ige]
palate	**suulagi**	[su:lagi]
nostrils	**sõõrmed**	[sɜ:rmet]
chin	**lõug**	[lɜug]
jaw	**lõualuu**	[lɜualu:]
cheek	**põsk**	[pɜsk]
forehead	**laup**	[laup]
temple	**meelekoht**	[me:lekoht]
ear	**kõrv**	[kɜru]
back of the head	**kukal**	[kukalʲ]
neck	**kael**	[kaelʲ]
throat	**kõri**	[kɜri]
hair	**juuksed**	[ju:kset]
hairstyle	**soeng**	[soeng]
haircut	**juukselõikus**	[ju:kselɜikus]
wig	**parukas**	[parukas]
mustache	**vuntsid**	[ʊuntsit]
beard	**habe**	[habe]
to have (a beard, etc.)	**kandma**	[kandma]
braid	**pats**	[pats]
sideburns	**bakenbardid**	[bakenbardit]
red-haired (adj)	**punapea**	[punapea]
gray (hair)	**hall**	[halʲ]

bald (adj)	kiilas	[kiːlas]
bald patch	kiilaspea	[kiːlaspea]
ponytail	hobusesaba	[hobusesaba]
bangs	tukk	[tukk]

62. Human body

hand	käelaba	[kæəlaba]
arm	käsi	[kæsi]
finger	sõrm	[sɜrm]
toe	varvas	[ʋarʋas]
thumb	pöial	[pøialʲ]
little finger	väike sõrm	[ʋæjke sɜrm]
nail	küüs	[kʉːs]
fist	rusikas	[rusikas]
palm	peopesa	[peopesa]
wrist	ranne	[ranne]
forearm	küünarvars	[kʉːnarʋars]
elbow	küünarnukk	[kʉːnarnukk]
shoulder	õlg	[ɜlʲg]
leg	säär	[sæːr]
foot	jalalaba	[jalalaba]
knee	põlv	[pɜlʲʋ]
calf (part of leg)	sääremari	[sæːremari]
hip	puus	[puːs]
heel	kand	[kant]
body	keha	[keha]
stomach	kõht	[kɜht]
chest	rind	[rint]
breast	rind	[rint]
flank	külg	[kʉlʲg]
back	selg	[selʲg]
lower back	ristluud	[risʲtluːt]
waist	talje	[talje]
navel (belly button)	naba	[naba]
buttocks	tuharad	[tuharat]
bottom	tagumik	[tagumik]
beauty mark	sünnimärk	[sʉnnimærk]
birthmark	sünnimärk	[sʉnnimærk]
(café au lait spot)		
tattoo	tätoveering	[tætoʋeːring]
scar	arm	[arm]

63. Diseases

sickness	**haigus**	[haigus]
to be sick	**haige olema**	[haige olema]
health	**tervis**	[tervis]
runny nose (coryza)	**nohu**	[nohu]
tonsillitis	**angiin**	[angi:n]
cold (illness)	**külmetus**	[kʉlʲmetus]
to catch a cold	**külmetuma**	[kʉlʲmetuma]
bronchitis	**bronhiit**	[bronhi:t]
pneumonia	**kopsupõletik**	[kopsupɜletik]
flu, influenza	**gripp**	[gripp]
nearsighted (adj)	**lühinägelik**	[lʉhinægelik]
farsighted (adj)	**kaugenägelik**	[kaugenægelik]
strabismus (crossed eyes)	**kõõrdsilmsus**	[kɜːrdsilʲmsus]
cross-eyed (adj)	**kõõrdsilmne**	[kɜːrdsilʲmne]
cataract	**katarakt**	[katarakt]
glaucoma	**glaukoom**	[glauko:m]
stroke	**insult**	[insulʲt]
heart attack	**infarkt**	[infarkt]
myocardial infarction	**müokardi infarkt**	[mʉokardi infarkt]
paralysis	**halvatus**	[halʲʋatus]
to paralyze (vt)	**halvama**	[halʲʋama]
allergy	**allergia**	[alʲergia]
asthma	**astma**	[asʲtma]
diabetes	**diabeet**	[diabe:t]
toothache	**hambavalu**	[hambaʋalu]
caries	**kaaries**	[ka:ries]
diarrhea	**kõhulahtisus**	[kɜhulahtisus]
constipation	**kõhukinnisus**	[kɜhukinnisus]
stomach upset	**kõhulahtisus**	[kɜhulahtisus]
food poisoning	**mürgitus**	[mʉrgitus]
to get food poisoning	**mürgitust saama**	[mʉrgitusʲt sa:ma]
arthritis	**artriit**	[artri:t]
rickets	**rahhiit**	[rahhi:t]
rheumatism	**reuma**	[reuma]
atherosclerosis	**ateroskleroos**	[aterosklero:s]
gastritis	**gastriit**	[gasʲtri:t]
appendicitis	**apenditsiit**	[apenditsi:t]
cholecystitis	**koletsüstiit**	[koletsʉsʲti:t]
ulcer	**haavand**	[ha:ʋant]
measles	**leetrid**	[le:trit]

rubella (German measles)	punetised	[punetiset]
jaundice	kollatõbi	[kolʲætɜbi]
hepatitis	hepatiit	[hepati:t]

schizophrenia	skisofreenia	[skisofre:nia]
rabies (hydrophobia)	marutaud	[marutaut]
neurosis	neuroos	[neuro:s]
concussion	ajuvapustus	[ajuʋapusʲtus]

cancer	vähk	[ʋæhk]
sclerosis	skleroos	[sklero:s]
multiple sclerosis	hajameelne skleroos	[hajame:lʲne sklero:s]

alcoholism	alkoholism	[alʲkoholism]
alcoholic (n)	alkohoolik	[alʲkoho:lik]
syphilis	süüfilis	[sʉ:filis]
AIDS	AIDS	[aids]

tumor	kasvaja	[kasʋaja]
malignant (adj)	pahaloomuline	[pahalo:muline]
benign (adj)	healoomuline	[healo:muline]

fever	palavik	[palaʋik]
malaria	malaaria	[mala:ria]
gangrene	gangreen	[gangre:n]
seasickness	merehaigus	[merehaigus]
epilepsy	epilepsia	[epilepsia]

epidemic	epideemia	[epide:mia]
typhus	tüüfus	[tʉ:fus]
tuberculosis	tuberkuloos	[tuberkulo:s]
cholera	koolera	[ko:lera]
plague (bubonic ~)	katk	[katk]

64. Symptoms. Treatments. Part 1

symptom	sümptom	[sʉmptom]
temperature	temperatuur	[temperatu:r]
high temperature (fever)	kõrge palavik	[kɜrge palaʋik]
pulse	pulss	[pulʲss]

dizziness (vertigo)	peapööritus	[peapø:ritus]
hot (adj)	kuum	[ku:m]
shivering	vappekülm	[ʋappekʉlʲm]
pale (e.g., ~ face)	kahvatu	[kahʋatu]

cough	köha	[køha]
to cough (vi)	köhima	[køhima]
to sneeze (vi)	aevastama	[aeʋasʲtama]
faint	minestus	[minesʲtus]

155

to faint (vi)	teadvust kaotama	[teaduusⁱt kaotama]
bruise (hématome)	sinikas	[sinikas]
bump (lump)	muhk	[muhk]
to bang (bump)	ära lööma	[æra lø:ma]
contusion (bruise)	haiget saanud koht	[haiget sa:nut koht]
to get a bruise	haiget saama	[haiget sa:ma]
to limp (vi)	lonkama	[lonkama]
dislocation	nihestus	[nihesⁱtus]
to dislocate (vt)	nihestama	[nihesⁱtama]
fracture	luumurd	[lu:murt]
to have a fracture	luud murdma	[lu:t murdma]
cut (e.g., paper ~)	lõikehaav	[lɜikeha:ʋ]
to cut oneself	endale sisse lõikama	[endale sisse lɜikama]
bleeding	verejooks	[ʋerejo:ks]
burn (injury)	põletushaav	[pɜletusha:ʋ]
to get burned	end ära põletama	[ent æra pɜletama]
to prick (vt)	torkama	[torkama]
to prick oneself	end torkama	[ent torkama]
to injure (vt)	kergelt haavama	[kergelⁱt ha:ʋama]
injury	vigastus	[ʋigasⁱtus]
wound	haav	[ha:ʋ]
trauma	trauma	[trauma]
to be delirious	sonima	[sonima]
to stutter (vi)	kokutama	[kokutama]
sunstroke	päiksepiste	[pæjksepisⁱte]

65. Symptoms. Treatments. Part 2

pain, ache	valu	[ʋalu]
splinter (in foot, etc.)	pind	[pint]
sweat (perspiration)	higi	[higi]
to sweat (perspire)	higistama	[higisⁱtama]
vomiting	okse	[okse]
convulsions	krambid	[krambit]
pregnant (adj)	rase	[rase]
to be born	sündima	[sɥndima]
delivery, labor	sünnitus	[sɥnnitus]
to deliver (~ a baby)	sünnitama	[sɥnnitama]
abortion	abort	[abort]
breathing, respiration	hingamine	[hingamine]
in-breath (inhalation)	sissehingamine	[sissehingamine]
out-breath (exhalation)	väljahingamine	[ʋæljahingamine]

to exhale (breathe out)	**välja hingama**	[vælja hingama]
to inhale (vi)	**sisse hingama**	[sisse hingama]
disabled person	**invaliid**	[invali:t]
cripple	**vigane**	[vigane]
drug addict	**narkomaan**	[narkoma:n]
deaf (adj)	**kurt**	[kurt]
mute (adj)	**tumm**	[tumm]
deaf mute (adj)	**kurttumm**	[kurttumm]
mad, insane (adj)	**hullumeelne**	[hulʲumeːlʲne]
madman	**vaimuhaige**	[vaimuhaige]
(demented person)		
madwoman	**vaimuhaige**	[vaimuhaige]
to go insane	**hulluks minema**	[hulʲuks minema]
gene	**geen**	[ge:n]
immunity	**immuniteet**	[immunite:t]
hereditary (adj)	**pärilik**	[pærilik]
congenital (adj)	**kaasasündinud**	[ka:sasɯndinut]
virus	**viirus**	[vi:rus]
microbe	**mikroob**	[mikro:b]
bacterium	**bakter**	[bakter]
infection	**nakkus**	[nakkus]

66. Symptoms. Treatments. Part 3

hospital	**haigla**	[haigla]
patient	**patsient**	[patsient]
diagnosis	**diagnoos**	[diagno:s]
cure	**iseravimine**	[iseravimine]
medical treatment	**ravimine**	[ravimine]
to get treatment	**ennast ravima**	[ennasʲt ravima]
to treat (~ a patient)	**ravima**	[ravima]
to nurse (look after)	**hoolitsema**	[ho:litsema]
care (nursing ~)	**hoolitsus**	[ho:litsus]
operation, surgery	**operatsioon**	[operatsio:n]
to bandage (head, limb)	**siduma**	[siduma]
bandaging	**sidumine**	[sidumine]
vaccination	**vaktsineerimine**	[vaktsine:rimine]
to vaccinate (vt)	**vaktsineerima**	[vaktsine:rima]
injection, shot	**süst**	[sɯsʲt]
to give an injection	**süstima**	[sɯsʲtima]
attack	**haigushoog**	[haigusho:g]
amputation	**amputeerimine**	[ampute:rimine]

to amputate (vt)	amputeerima	[ampute:rima]
coma	kooma	[ko:ma]
to be in a coma	koomas olema	[ko:mas olema]
intensive care	reanimatsioon	[reanimatsio:n]

to recover (~ from flu)	terveks saama	[terʋeks sa:ma]
condition (patient's ~)	seisund	[sejsunt]
consciousness	teadvus	[teadʋus]
memory (faculty)	mälu	[mælu]

to pull out (tooth)	hammast välja tõmbama	[hammasʲt ʋælja tɜmbama]
filling	plomm	[plomm]
to fill (a tooth)	plombeerima	[plombe:rima]

| hypnosis | hüpnoos | [hʉpno:s] |
| to hypnotize (vt) | hüpnotiseerima | [hʉpnotise:rima] |

67. Medicine. Drugs. Accessories

medicine, drug	ravim	[raʋim]
remedy	vahend	[ʋahent]
to prescribe (vt)	välja kirjutama	[ʋælja kirjutama]
prescription	retsept	[retsept]

tablet, pill	tablett	[tablett]
ointment	salv	[salʲʋ]
ampule	ampull	[ampulʲ]
mixture	mikstuur	[miksʲtu:r]
syrup	siirup	[si:rup]
pill	pill	[pilʲ]
powder	pulber	[pulʲber]

gauze bandage	side	[side]
cotton wool	vatt	[ʋatt]
iodine	jood	[jo:t]

Band-Aid	plaaster	[pla:sʲter]
eyedropper	pipett	[pipett]
thermometer	kraadiklaas	[kra:dikla:s]
syringe	süstal	[sʉsʲtalʲ]

| wheelchair | invaliidikäru | [inʋali:dikæru] |
| crutches | kargud | [kargut] |

painkiller	valuvaigisti	[ʋaluʋaigisʲti]
laxative	kõhulahtisti	[kɜhulahtisʲti]
spirits (ethanol)	piiritus	[pi:ritus]
medicinal herbs	maarohud	[ma:rohut]
herbal (~ tea)	maarohtudest	[ma:rohtudesʲt]

APARTMENT

T&P Books Publishing

68. Apartment

apartment	**korter**	[korter]
room	**tuba**	[tuba]
bedroom	**magamistuba**	[magamisˑtuba]
dining room	**söögituba**	[søːgituba]
living room	**külalistuba**	[kʉlalisˑtuba]
study (home office)	**kabinet**	[kabinet]
entry room	**esik**	[esik]
bathroom (room with a bath or shower)	**vannituba**	[ʋannituba]
half bath	**tualett**	[tualett]
ceiling	**lagi**	[lagi]
floor	**põrand**	[pɜrant]
corner	**nurk**	[nurk]

69. Furniture. Interior

furniture	**mööbel**	[møːbelʲ]
table	**laud**	[laut]
chair	**tool**	[toːlʲ]
bed	**voodi**	[ʋoːdi]
couch, sofa	**diivan**	[diːʋan]
armchair	**tugitool**	[tugitoːlʲ]
bookcase	**raamatukapp**	[raːmatukapp]
shelf	**raamaturiiul**	[raːmaturiːulʲ]
wardrobe	**riidekapp**	[riːdekapp]
coat rack (wall-mounted ~)	**varn**	[ʋarn]
coat stand	**nagi**	[nagi]
bureau, dresser	**kummut**	[kummut]
coffee table	**diivanilaud**	[diːʋanilaut]
mirror	**peegel**	[peːgelʲ]
carpet	**vaip**	[ʋaip]
rug, small carpet	**uksematt**	[uksematt]
fireplace	**kamin**	[kamin]
candle	**küünal**	[kʉːnalʲ]
candlestick	**küünlajalg**	[kʉːnlajalʲg]

drapes	külgkardinad	[kʉlʲgkardinat]
wallpaper	tapeet	[tape:t]
blinds (jalousie)	ribakardinad	[ribakardinat]

table lamp	laualamp	[laualamp]
wall lamp (sconce)	valgusti	[ʋalʲgusʲti]
floor lamp	põrandalamp	[pɜrandalamp]
chandelier	lühter	[lʉhter]

leg (of chair, table)	jalg	[jalʲg]
armrest	käetugi	[kæetugi]
back (backrest)	seljatugi	[seljatugi]
drawer	sahtel	[sahtelʲ]

70. Bedding

bedclothes	voodipesu	[ʋo:dipesu]
pillow	padi	[padi]
pillowcase	padjapüür	[padjapʉ:r]
duvet, comforter	tekk	[tekk]
sheet	voodilina	[ʋo:dilina]
bedspread	voodikate	[ʋo:dikate]

71. Kitchen

kitchen	köök	[kø:k]
gas	gaas	[ga:s]
gas stove (range)	gaasipliit	[ga:sipli:t]
electric stove	elektripliit	[elektripli:t]
oven	praeahi	[praeahi]
microwave oven	mikrolaineahi	[mikrolaineahi]

refrigerator	külmkapp	[kʉlʲmkapp]
freezer	jääkapp	[jæ:kapp]
dishwasher	nõudepesumasin	[nɜudepesumasin]

meat grinder	hakklihamasin	[hakklihamasin]
juicer	mahlapress	[mahlapress]
toaster	röster	[røsʲter]
mixer	mikser	[mikser]

coffee machine	kohvikeetja	[kohʋike:tja]
coffee pot	kohvikann	[kohʋikann]
coffee grinder	kohviveski	[kohʋiʋeski]

kettle	veekeetja	[ʋe:ke:tja]
teapot	teekann	[te:kann]
lid	kaas	[ka:s]

tea strainer	teesõel	[te:sɜelʲ]
spoon	lusikas	[lusikas]
teaspoon	teelusikas	[te:lusikas]
soup spoon	supilusikas	[supilusikas]
fork	kahvel	[kahʋelʲ]
knife	nuga	[nuga]

tableware (dishes)	toidunõud	[tojdunɜut]
plate (dinner ~)	taldrik	[talʲdrik]
saucer	alustass	[alusʲtass]

shot glass	napsiklaas	[napsikla:s]
glass (tumbler)	klaas	[kla:s]
cup	tass	[tass]

sugar bowl	suhkrutoos	[suhkruto:s]
salt shaker	soolatoos	[so:lato:s]
pepper shaker	pipratops	[pipratops]
butter dish	võitoos	[ʋɜito:s]

stock pot (soup pot)	pott	[pott]
frying pan (skillet)	pann	[pann]
ladle	supikulp	[supikulʲp]
colander	kurnkopsik	[kurnkopsik]
tray (serving ~)	kandik	[kandik]

bottle	pudel	[pudelʲ]
jar (glass)	klaaspurk	[kla:spurk]
can	plekkpurk	[plekkpurk]

bottle opener	pudeliavaja	[pudeliaʋaja]
can opener	konserviavaja	[konserʋiaʋaja]
corkscrew	korgitser	[korgitser]
filter	filter	[filʲter]
to filter (vt)	filtreerima	[filʲtre:rima]

| trash, garbage (food waste, etc.) | prügi | [prʉgi] |
| trash can (kitchen ~) | prügiämber | [prʉgiæmber] |

72. Bathroom

bathroom	vannituba	[ʋannituba]
water	vesi	[ʋesi]
faucet	kraan	[kra:n]
hot water	soe vesi	[soe ʋesi]
cold water	külm vesi	[kʉlʲm ʋesi]

| toothpaste | hambapasta | [hambapasʲta] |
| to brush one's teeth | hambaid pesema | [hambait pesema] |

toothbrush	hambahari	[hambahari]
to shave (vi)	habet ajama	[habet ajama]
shaving foam	habemeajamiskreem	[habemeajamiskre:m]
razor	pardel	[pardelʲ]

to wash (one's hands, etc.)	pesema	[pesema]
to take a bath	ennast pesema	[ennasʲt pesema]
shower	dušš	[duʃʃ]
to take a shower	duši all käima	[duʃi alʲ kæjma]

bathtub	vann	[ʋann]
toilet (toilet bowl)	WC-pott	[ʋetse pott]
sink (washbasin)	kraanikauss	[kra:nikauss]

| soap | seep | [se:p] |
| soap dish | seebikarp | [se:bikarp] |

sponge	nuustik	[nu:sʲtik]
shampoo	šampoon	[ʃampo:n]
towel	käterätik	[kæterætik]
bathrobe	hommikumantel	[hommikumantelʲ]

laundry (process)	pesupesemine	[pesupesemine]
washing machine	pesumasin	[pesumasin]
to do the laundry	pesu pesema	[pesu pesema]
laundry detergent	pesupulber	[pesupulʲber]

73. Household appliances

TV set	televiisor	[teleʋi:sor]
tape recorder	magnetofon	[magnetofon]
VCR (video recorder)	videomagnetofon	[ʋideomagnetofon]
radio	raadio	[ra:dio]
player (CD, MP3, etc.)	pleier	[plejer]

video projector	videoprojektor	[ʋideoprojektor]
home movie theater	kodukino	[kodukino]
DVD player	DVD-mängija	[dʋd-mæŋgija]
amplifier	võimendi	[ʋɜimendi]
video game console	mängukonsool	[mæŋgukonso:lʲ]

video camera	videokaamera	[ʋideoka:mera]
camera (photo)	fotoaparaat	[fotoapara:t]
digital camera	fotokaamera	[fotoka:mera]

vacuum cleaner	tolmuimeja	[tolʲmuimeja]
iron (e.g., steam ~)	triikraud	[tri:kraut]
ironing board	triikimislaud	[tri:kimislaut]
telephone	telefon	[telefon]
cell phone	mobiiltelefon	[mobi:lʲtelefon]

typewriter	**kirjutusmasin**	[kirjutusmasin]
sewing machine	**õmblusmasin**	[ɜmblusmasin]
microphone	**mikrofon**	[mikrofon]
headphones	**kõrvaklapid**	[kɜrʋaklapit]
remote control (TV)	**pult**	[pulʲt]
CD, compact disc	**CD-plaat**	[ʦede plaːt]
cassette, tape	**kassett**	[kassett]
vinyl record	**heliplaat**	[heliplaːt]

THE EARTH. WEATHER

T&P Books Publishing

space	kosmos	[kosmos]
space (as adj)	kosmiline	[kosmiline]
outer space	maailmaruum	[ma:ilʲmaru:m]

world	maailm	[ma:ilʲm]
universe	universum	[uniʋersum]
galaxy	galaktika	[galaktika]

star	täht	[tæht]
constellation	tähtkuju	[tæhtkuju]
planet	planeet	[plane:t]
satellite	satelliit	[satelʲi:t]

meteorite	meteoriit	[meteori:t]
comet	komeet	[kome:t]
asteroid	asteroid	[asʲterojt]

orbit	orbiit	[orbi:t]
to revolve	keerlema	[ke:rlema]
(~ around the Earth)		
atmosphere	atmosfäär	[atmosfæ:r]

the Sun	Päike	[pæjke]
solar system	Päikesesüsteem	[pæjkesesʉsʲte:m]
solar eclipse	päiksevarjutus	[pæjkseʋarjutus]

| the Earth | Maa | [ma:] |
| the Moon | Kuu | [ku:] |

Mars	Marss	[marss]
Venus	Veenus	[ʋe:nus]
Jupiter	Jupiter	[jupiter]
Saturn	Saturn	[saturn]

Mercury	Merkuur	[merku:r]
Uranus	Uraan	[ura:n]
Neptune	Neptuun	[neptu:n]
Pluto	Pluuto	[plu:to]

Milky Way	Linnutee	[linnute:]
Great Bear (Ursa Major)	Suur Vanker	[su:r ʋanker]
North Star	Põhjanael	[pɤhjanaelʲ]
Martian	marslane	[marslane]
extraterrestrial (n)	võõra planeedi asukas	[ʋɜ:ra plane:di asukas]

alien	**tulnukas**	[tulʲnukas]
flying saucer	**lendav taldrik**	[lendau talʲdrik]
spaceship	**kosmoselaev**	[kosmoselaeʊ]
space station	**orbitaaljaam**	[orbita:lja:m]
blast-off	**start**	[sʲtart]
engine	**mootor**	[mo:tor]
nozzle	**düüs**	[dʉ:s]
fuel	**kütus**	[kʉtus]
cockpit, flight deck	**kabiin**	[kabi:n]
antenna	**antenn**	[antenn]
porthole	**illuminaator**	[ilʲumina:tor]
solar panel	**päikesepatarei**	[pæjkesepatarej]
spacesuit	**skafander**	[skafander]
weightlessness	**kaaluta olek**	[ka:luta olek]
oxygen	**hapnik**	[hapnik]
docking (in space)	**põkkumine**	[pɜkkumine]
to dock (vi, vt)	**põkkama**	[pɜkkama]
observatory	**observatoorium**	[obseruato:rium]
telescope	**teleskoop**	[telesko:p]
to observe (vt)	**jälgima**	[jælʲgima]
to explore (vt)	**uurima**	[u:rima]

75. The Earth

the Earth	**Maa**	[ma:]
the globe (the Earth)	**maakera**	[ma:kera]
planet	**planeet**	[plane:t]
atmosphere	**atmosfäär**	[atmosfæ:r]
geography	**geograafia**	[geogra:fia]
nature	**loodus**	[lo:dus]
globe (table ~)	**gloobus**	[glo:bus]
map	**kaart**	[ka:rt]
atlas	**atlas**	[atlas]
Europe	**Euroopa**	[euro:pa]
Asia	**Aasia**	[a:sia]
Africa	**Aafrika**	[a:frika]
Australia	**Austraalia**	[ausʲtra:lia]
America	**Ameerika**	[ame:rika]
North America	**Põhja-Ameerika**	[pɜhja-ame:rika]
South America	**Lõuna-Ameerika**	[lɜuna-ame:rika]

| Antarctica | **Antarktis** | [antarktis] |
| the Arctic | **Arktika** | [arktika] |

76. Cardinal directions

north	**põhi**	[pɜhi]
to the north	**põhja**	[pɜhja]
in the north	**põhjas**	[pɜhjas]
northern (adj)	**põhja-**	[pɜhja-]

south	**lõuna**	[lɜuna]
to the south	**lõunasse**	[lɜunasse]
in the south	**lõunas**	[lɜunas]
southern (adj)	**lõuna-**	[lɜuna-]

west	**lääs**	[lʲæːs]
to the west	**läände**	[lʲæːnde]
in the west	**läänes**	[lʲæːnes]
western (adj)	**lääne-**	[lʲæːne-]

east	**ida**	[ida]
to the east	**itta**	[itta]
in the east	**idas**	[idas]
eastern (adj)	**ida-**	[ida-]

77. Sea. Ocean

sea	**meri**	[meri]
ocean	**ookean**	[oːkean]
gulf (bay)	**laht**	[laht]
straits	**väin**	[ʋæjn]

land (solid ground)	**maismaa**	[maisma:]
continent (mainland)	**manner**	[manner]
island	**saar**	[sa:r]
peninsula	**poolsaar**	[po:lʲsa:r]
archipelago	**arhipelaag**	[arhipela:g]

bay, cove	**laht**	[laht]
harbor	**sadam**	[sadam]
lagoon	**laguun**	[lagu:n]
cape	**neem**	[ne:m]

atoll	**atoll**	[atolʲ]
reef	**riff**	[riff]
coral	**korall**	[koralʲ]
coral reef	**korallrahu**	[koralʲrahu]
deep (adj)	**sügav**	[sɯgaʋ]

depth (deep water)	sügavus	[sʉgaʋus]
abyss	sügavik	[sʉgaʋik]
trench (e.g., Mariana ~)	nõgu	[nɜgu]

| current (Ocean ~) | hoovus | [ho:ʋus] |
| to surround (bathe) | uhtuma | [uhtuma] |

| shore | rand | [rant] |
| coast | rannik | [rannik] |

flow (flood tide)	tõus	[tɜus]
ebb (ebb tide)	mõõn	[mɜ:n]
shoal	madalik	[madalik]
bottom (~ of the sea)	põhi	[pɜhi]

wave	laine	[laine]
crest (~ of a wave)	lainehari	[lainehari]
spume (sea foam)	vaht	[ʋaht]

storm (sea storm)	torm	[torm]
hurricane	orkaan	[orka:n]
tsunami	tsunami	[tsunami]
calm (dead ~)	tuulevaikus	[tu:leʋaikus]
quiet, calm (adj)	rahulik	[rahulik]

| pole | poolus | [po:lus] |
| polar (adj) | polaar- | [pola:r-] |

latitude	laius	[laius]
longitude	pikkus	[pikkus]
parallel	paralleel	[paralʲe:lʲ]
equator	ekvaator	[ekʋa:tor]

sky	taevas	[taeʋas]
horizon	silmapiir	[silʲmapi:r]
air	õhk	[ɜhk]

lighthouse	majakas	[majakas]
to dive (vi)	sukelduma	[sukelʲduma]
to sink (ab. boat)	uppuma	[uppuma]
treasures	aarded	[a:rdet]

78. Seas' and Oceans' names

Atlantic Ocean	Atlandi ookean	[atlandi o:kean]
Indian Ocean	India ookean	[india o:kean]
Pacific Ocean	Vaikne ookean	[ʋaikne o:kean]
Arctic Ocean	Põhja-Jäämeri	[pɜhja-jæ:meri]
Black Sea	Must meri	[musʲt meri]
Red Sea	Punane meri	[punane meri]

| Yellow Sea | Kollane meri | [kolʲæne meri] |
| White Sea | Valge meri | [ʋalʲge meri] |

Caspian Sea	Kaspia meri	[kaspia meri]
Dead Sea	Surnumeri	[surnumeri]
Mediterranean Sea	Vahemeri	[ʋahemeri]

| Aegean Sea | Egeuse meri | [egeuse meri] |
| Adriatic Sea | Aadria meri | [a:dria meri] |

Arabian Sea	Araabia meri	[ara:bia meri]
Sea of Japan	Jaapani meri	[ja:pani meri]
Bering Sea	Beringi meri	[beringi meri]
South China Sea	Lõuna-Hiina meri	[lɜuna-hi:na meri]

Coral Sea	Korallide meri	[koralʲide meri]
Tasman Sea	Tasmaania meri	[tasma:nia meri]
Caribbean Sea	Kariibi meri	[kari:bi meri]

| Barents Sea | Barentsi meri | [barentsi meri] |
| Kara Sea | Kara meri | [kara meri] |

North Sea	Põhjameri	[pɜhjameri]
Baltic Sea	Läänemeri	[lʲæ:nemeri]
Norwegian Sea	Norra meri	[norra meri]

79. Mountains

mountain	mägi	[mægi]
mountain range	mäeahelik	[mæeahelik]
mountain ridge	mäeahelik	[mæeahelik]

summit, top	tipp	[tipp]
peak	mäetipp	[mæetipp]
foot (~ of the mountain)	jalam	[jalam]
slope (mountainside)	nõlv	[nɜlʲʋ]

volcano	vulkaan	[ʋulʲka:n]
active volcano	tegutsev vulkaan	[tegutseʋ ʋulʲka:n]
dormant volcano	kustunud vulkaan	[kusʲtunut ʋulʲka:n]

eruption	vulkaanipurse	[ʋulʲka:nipurse]
crater	kraater	[kra:ter]
magma	magma	[magma]
lava	laava	[la:ʋa]
molten (~ lava)	hõõguv	[hɜ:guʋ]

canyon	kanjon	[kanjon]
gorge	kuristik, taarn	[kurisʲtik, ta:rn]
crevice	kaljulõhe	[kaljulɜhe]

abyss (chasm)	kuristik	[kurisˈtik]
pass, col	kuru	[kuru]
plateau	platoo	[plato:]
cliff	kalju	[kalju]
hill	küngas	[kʉngas]

glacier	liustik	[liusˈtik]
waterfall	juga	[juga]
geyser	geiser	[gejser]
lake	järv	[jærʋ]

plain	lausmaa	[lausma:]
landscape	maastik	[ma:sˈtik]
echo	kaja	[kaja]

alpinist	alpinist	[alˈpinisˈt]
rock climber	kaljuronija	[kaljuronija]
to conquer (in climbing)	vallutama	[ʋalˈutama]
climb (an easy ~)	mäkketõus	[mækketɜus]

80. Mountains names

The Alps	Alpid	[alˈpit]
Mont Blanc	Mont Blanc	[mon blan]
The Pyrenees	Püreneed	[pʉrene:t]

The Carpathians	Karpaadid	[karpa:dit]
The Ural Mountains	Uurali mäed	[u:rali mæet]
The Caucasus Mountains	Kaukasus	[kaukasus]
Mount Elbrus	Elbrus	[elˈbrus]

The Altai Mountains	Altai	[alˈtai]
The Tian Shan	Tjan-Šan	[tjanʃan]
The Pamir Mountains	Pamiir	[pami:r]
The Himalayas	Himaalaja	[hima:laja]
Mount Everest	Everest	[eʋeresˈt]

| The Andes | Andid | [andit] |
| Mount Kilimanjaro | Kilimandžaaro | [kilimandʒa:ro] |

81. Rivers

river	jõgi	[jɜgi]
spring (natural source)	allikas	[alˈikas]
riverbed (river channel)	säng	[sæng]
basin (river valley)	bassein	[bassejn]
to flow into ...	suubuma	[su:buma]
tributary	lisajõgi	[lisajɜgi]

bank (of river)	**kallas**	[kalʲæs]
current (stream)	**vool**	[ʋo:lʲ]
downstream (adv)	**allavoolu**	[alʲæʋo:lu]
upstream (adv)	**ülesvoolu**	[ʉlesʋo:lu]
inundation	**üleujutus**	[ʉleujutus]
flooding	**suurvesi**	[su:rʋesi]
to overflow (vi)	**üle ujutama**	[ʉle ujutama]
to flood (vt)	**uputama**	[uputama]
shallow (shoal)	**madalik**	[madalik]
rapids	**lävi**	[lʲæʋi]
dam	**pais**	[pais]
canal	**kanal**	[kanalʲ]
reservoir (artificial lake)	**veehoidla**	[ʋe:hojtla]
sluice, lock	**lüüs**	[lʉ:s]
water body (pond, etc.)	**veekogu**	[ʋe:kogu]
swamp (marshland)	**soo**	[so:]
bog, marsh	**õõtssoo**	[ɜ:tsso:]
whirlpool	**veekeeris**	[ʋe:ke:ris]
stream (brook)	**oja**	[oja]
drinking (ab. water)	**joogi-**	[jo:gi-]
fresh (~ water)	**mage-**	[mage-]
ice	**jää**	[jæ:]
to freeze over (ab. river, etc.)	**külmuma**	[kʉlʲmuma]

82. Rivers' names

Seine	**Seine**	[sen]
Loire	**Loire**	[lua:r]
Thames	**Thames**	[tems]
Rhine	**Rein**	[rejn]
Danube	**Doonau**	[do:nau]
Volga	**Volga**	[ʋolʲga]
Don	**Don**	[don]
Lena	**Leena**	[le:na]
Yellow River	**Huang He**	[huanhe]
Yangtze	**Jangtse**	[jangtse]
Mekong	**Mekong**	[mekong]
Ganges	**Ganges**	[ganges]
Nile River	**Niilus**	[ni:lus]
Congo River	**Kongo**	[kongo]

Okavango River	**Okavango**	[okaʋango]
Zambezi River	**Zambezi**	[sambesi]
Limpopo River	**Limpopo**	[limpopo]
Mississippi River	**Mississippi**	[misisippi]

83. Forest

forest, wood	**mets**	[mets]
forest (as adj)	**metsa-**	[metsa-]
thick forest	**tihnik**	[tihnik]
grove	**salu**	[salu]
forest clearing	**lagendik**	[lagendik]
thicket	**padrik**	[padrik]
scrubland	**põõsastik**	[pɜːsasʲtik]
footpath (troddenpath)	**jalgrada**	[jalʲgrada]
gully	**jäärak**	[jæːrak]
tree	**puu**	[puː]
leaf	**leht**	[leht]
leaves (foliage)	**lehestik**	[lehesʲtik]
fall of leaves	**lehtede langemine**	[lehtede langemine]
to fall (ab. leaves)	**langema**	[langema]
top (of the tree)	**latv**	[latʋ]
branch	**oks**	[oks]
bough	**oks**	[oks]
bud (on shrub, tree)	**pung**	[pung]
needle (of pine tree)	**okas**	[okas]
pine cone	**käbi**	[kæbi]
hollow (in a tree)	**puuõõs**	[puːɜːs]
nest	**pesa**	[pesa]
burrow (animal hole)	**urg**	[urg]
trunk	**tüvi**	[tʉʋi]
root	**juur**	[juːr]
bark	**koor**	[koːr]
moss	**sammal**	[sammalʲ]
to uproot (remove trees or tree stumps)	**juurima**	[juːrima]
to chop down	**raiuma**	[raiuma]
to deforest (vt)	**maha raiuma**	[maha raiuma]
tree stump	**känd**	[kænt]
campfire	**lõke**	[lɔke]
forest fire	**tulekahju**	[tulekahju]

to extinguish (vt)	kustutama	[kustutama]
forest ranger	metsavaht	[metsauaht]
protection	taimekaitse	[taimekaitse]
to protect (~ nature)	looduskaitse	[lo:duskaitse]
poacher	salakütt	[salakʉtt]
steel trap	püünis	[pʉ:nis]
to gather, to pick (vt)	korjama	[korjama]
to lose one's way	ära eksima	[æra eksima]

84. Natural resources

natural resources	loodusvarad	[lo:dusuarat]
minerals	maavarad	[ma:uarat]
deposits	lademed	[lademet]
field (e.g., oilfield)	leiukoht	[lejukoht]
to mine (extract)	kaevandama	[kaeuandama]
mining (extraction)	kaevandamine	[kaeuandamine]
ore	maak	[ma:k]
mine (e.g., for coal)	kaevandus	[kaeuandus]
shaft (mine ~)	šaht	[ʃaht]
miner	kaevur	[kaeuur]
gas (natural ~)	gaas	[ga:s]
gas pipeline	gaasijuhe	[ga:sijuhe]
oil (petroleum)	nafta	[nafta]
oil pipeline	naftajuhe	[naftajuhe]
oil well	nafta puurtorn	[nafta pu:rtorn]
derrick (tower)	puurtorn	[pu:rtorn]
tanker	tanker	[tanker]
sand	liiv	[li:u]
limestone	paekivi	[paekiui]
gravel	kruus	[kru:s]
peat	turvas	[turuas]
clay	savi	[saui]
coal	süsi	[sʉsi]
iron (ore)	raud	[raut]
gold	kuld	[kulʲt]
silver	hõbe	[hɜbe]
nickel	nikkel	[nikkelʲ]
copper	vask	[uask]
zinc	tsink	[tsink]
manganese	mangaan	[manga:n]
mercury	elavhõbe	[elauhɜbe]
lead	seatina	[seatina]

mineral	**mineraal**	[minera:lʲ]
crystal	**kristall**	[krisʲtalʲ]
marble	**marmor**	[marmor]
uranium	**uraan**	[ura:n]

85. Weather

weather	**ilm**	[ilʲm]
weather forecast	**ilmaennustus**	[ilʲmaennusʲtus]
temperature	**temperatuur**	[temperatu:r]
thermometer	**kraadiklaas**	[kra:dikla:s]
barometer	**baromeeter**	[barome:ter]

humid (adj)	**niiske**	[ni:ske]
humidity	**niiskus**	[ni:skus]
heat (extreme ~)	**kuumus**	[ku:mus]
hot (torrid)	**kuum**	[ku:m]
it's hot	**on kuum**	[on ku:m]

it's warm	**soojus**	[so:jus]
warm (moderately hot)	**soe**	[soe]
it's cold	**on külm**	[on kɤlʲm]
cold (adj)	**külm**	[kɤlʲm]

sun	**päike**	[pæjke]
to shine (vi)	**paistma**	[paisʲtma]
sunny (day)	**päikseline**	[pæjkseline]
to come up (vi)	**tõusma**	[tɜusma]
to set (vi)	**loojuma**	[lo:juma]

cloud	**pilv**	[pilʲʊ]
cloudy (adj)	**pilves**	[pilʲʊes]
rain cloud	**pilv**	[pilʲʊ]
somber (gloomy)	**sompus**	[sompus]

rain	**vihm**	[ʊihm]
it's raining	**vihma sajab**	[ʊihma sajab]
rainy (~ day, weather)	**vihmane**	[ʊihmane]
to drizzle (vi)	**tibutama**	[tibutama]

pouring rain	**paduvihm**	[paduʊihm]
downpour	**hoovihm**	[ho:ʊihm]
heavy (e.g., ~ rain)	**tugev**	[tugeʊ]
puddle	**lomp**	[lomp]
to get wet (in rain)	**märjaks saama**	[mærjaks sa:ma]

fog (mist)	**udu**	[udu]
foggy	**udune**	[udune]
snow	**lumi**	[lumi]
it's snowing	**lund sajab**	[lunt sajab]

86. Severe weather. Natural disasters

thunderstorm	äike	[æjke]
lightning (~ strike)	välk	[ʋælʲk]
to flash (vi)	välku lööma	[ʋælʲku løːma]
thunder	kõu	[kɜu]
to thunder (vi)	müristama	[mʉrisʲtama]
it's thundering	müristab	[mʉrisʲtab]
hail	rahe	[rahe]
it's hailing	rahet sajab	[rahet sajab]
to flood (vt)	üle ujutama	[ʉle ujutama]
flood, inundation	üleujutus	[ʉleujutus]
earthquake	maavärin	[maːʋærin]
tremor, quake	tõuge	[tɜuge]
epicenter	epitsenter	[epitsenter]
eruption	vulkaanipurse	[ʋulʲkaːnipurse]
lava	laava	[laːʋa]
twister	tromb	[tromb]
tornado	tornaado	[tornaːdo]
typhoon	taifuun	[taifuːn]
hurricane	orkaan	[orkaːn]
storm	torm	[torm]
tsunami	tsunami	[tsunami]
cyclone	tsüklon	[tsʉklon]
bad weather	halb ilm	[halʲb ilʲm]
fire (accident)	tulekahju	[tulekahju]
disaster	katastroof	[katasʲtroːf]
meteorite	meteoriit	[meteoriːt]
avalanche	laviin	[laʋiːn]
snowslide	varing	[ʋaring]
blizzard	lumetorm	[lumetorm]
snowstorm	tuisk	[tuisk]

FAUNA

T&P Books Publishing

87. Mammals. Predators

predator	kiskja	[kiskja]
tiger	tiiger	[tiːger]
lion	lõvi	[lɜʋi]
wolf	hunt	[hunt]
fox	rebane	[rebane]

jaguar	jaaguar	[jaːguar]
leopard	leopard	[leopart]
cheetah	gepard	[gepart]

black panther	panter	[panter]
puma	puuma	[puːma]
snow leopard	lumeleopard	[lumeleopart]
lynx	ilves	[ilʲʋes]

coyote	koiott	[kojott]
jackal	šaakal	[ʃaːkalʲ]
hyena	hüään	[hʉæːn]

88. Wild animals

| animal | loom | [loːm] |
| beast (animal) | metsloom | [metsloːm] |

squirrel	orav	[oraʋ]
hedgehog	siil	[siːlʲ]
hare	jänes	[jænes]
rabbit	küülik	[kʉːlik]

badger	mäger	[mæger]
raccoon	pesukaru	[pesukaru]
hamster	hamster	[hamsʲter]
marmot	koopaorav	[koːpaoraʋ]

mole	mutt	[mutt]
mouse	hiir	[hiːr]
rat	rott	[rott]
bat	nahkhiir	[nahkhiːr]

ermine	kärp	[kærp]
sable	soobel	[soːbelʲ]
marten	nugis	[nugis]

| weasel | nirk | [nirk] |
| mink | naarits | [naːrits] |

| beaver | kobras | [kobras] |
| otter | saarmas | [saːrmas] |

horse	hobune	[hobune]
moose	põder	[pɜder]
deer	põhjapõder	[pɜhjapɜder]
camel	kaamel	[kaːmelʲ]

bison	piison	[piːson]
aurochs	euroopa piison	[euroːpa piːson]
buffalo	pühvel	[pʉhʊelʲ]

zebra	sebra	[sebra]
antelope	antiloop	[antiloːp]
roe deer	metskits	[metskits]
fallow deer	kabehirv	[kabehirʊ]
chamois	mägikits	[mægikits]
wild boar	metssiga	[metssiga]

whale	vaal	[ʊaːlʲ]
seal	hüljes	[hʉljes]
walrus	merihobu	[merihobu]
fur seal	kotik	[kotik]
dolphin	delfiin	[delfiːn]

bear	karu	[karu]
polar bear	jääkaru	[jæːkaru]
panda	panda	[panda]

monkey	ahv	[ahʊ]
chimpanzee	šimpans	[ʃimpans]
orangutan	orangutang	[orangutang]
gorilla	gorilla	[gorilʲæ]
macaque	makaak	[makaːk]
gibbon	gibon	[gibon]

| elephant | elevant | [eleʊant] |
| rhinoceros | ninasarvik | [ninasarʊik] |

| giraffe | kaelkirjak | [kaelʲkirjak] |
| hippopotamus | jõehobu | [jɜehobu] |

| kangaroo | känguru | [kænguru] |
| koala (bear) | koaala | [koaːla] |

mongoose	mangust	[mangusʲt]
chinchilla	tšintšilja	[tʃintʃilja]
skunk	skunk	[skunk]
porcupine	okassiga	[okassiga]

89. Domestic animals

cat	kass	[kass]
tomcat	kass	[kass]
dog	koer	[koer]

horse	hobune	[hobune]
stallion (male horse)	täkk	[tækk]
mare	mära	[mæra]

cow	lehm	[lehm]
bull	pull	[pulʲ]
ox	härg	[hærg]

sheep (ewe)	lammas	[lammas]
ram	oinas	[ojnas]
goat	kits	[kits]
billy goat, he-goat	sokk	[sokk]

| donkey | eesel | [e:selʲ] |
| mule | muul | [mu:lʲ] |

pig, hog	siga	[siga]
piglet	põrsas	[pɜrsas]
rabbit	küülik	[kʉ:lik]

| hen (chicken) | kana | [kana] |
| rooster | kukk | [kukk] |

duck	part	[part]
drake	sinikaelpart	[sinikaelʲpart]
goose	hani	[hani]

| tom turkey, gobbler | kalkun | [kalʲkun] |
| turkey (hen) | kalkun | [kalʲkun] |

domestic animals	koduloomad	[kodulo:mat]
tame (e.g., ~ hamster)	kodustatud	[kodusʲtatut]
to tame (vt)	taltsutama	[talʲtsutama]
to breed (vt)	üles kasvatama	[ʉles kasʋatama]

farm	farm	[farm]
poultry	kodulinnud	[kodulinnut]
cattle	kariloomad	[karilo:mat]
herd (cattle)	kari	[kari]

stable	hobusetall	[hobusetalʲ]
pigpen	sigala	[sigala]
cowshed	lehmalaut	[lehmalaut]
rabbit hutch	küülikukasvandus	[kʉ:likukasʋandus]
hen house	kanala	[kanala]

90. Birds

bird	lind	[lint]
pigeon	tuvi	[tuʋi]
sparrow	varblane	[ʋarblane]
tit (great tit)	tihane	[tihane]
magpie	harakas	[harakas]

raven	ronk	[ronk]
crow	vares	[ʋares]
jackdaw	hakk	[hakk]
rook	künnivares	[kʉnniʋares]

duck	part	[part]
goose	hani	[hani]
pheasant	faasan	[faːsan]

eagle	kotkas	[kotkas]
hawk	kull	[kulʲ]
falcon	kotkas	[kotkas]
vulture	raisakull	[raisakulʲ]
condor (Andean ~)	kondor	[kondor]

swan	luik	[luik]
crane	kurg	[kurg]
stork	toonekurg	[toːnekurg]

parrot	papagoi	[papagoj]
hummingbird	koolibri	[koːlibri]
peacock	paabulind	[paːbulint]

ostrich	jaanalind	[jaːnalint]
heron	haigur	[haigur]
flamingo	flamingo	[flamingo]
pelican	pelikan	[pelikan]

nightingale	ööbik	[øːbik]
swallow	suitsupääsuke	[suitsupæːsuke]

thrush	rästas	[ræsʲtas]
song thrush	laulurästas	[lauluræsʲtas]
blackbird	musträstas	[musʲtræsʲtas]

swift	piiripääsuke	[piːripæːsuke]
lark	lõoke	[lɜoke]
quail	vutt	[ʋutt]

woodpecker	rähn	[ræhn]
cuckoo	kägu	[kægu]
owl	öökull	[øːkulʲ]
eagle owl	kakk	[kakk]

wood grouse	metsis	[metsis]
black grouse	teder	[teder]
partridge	põldpüü	[pɜlʲtpɤ:]

starling	kuldnokk	[kulʲdnokk]
canary	kanaarilind	[kana:rilint]
hazel grouse	laanepüü	[la:nepɤ:]
chaffinch	metsvint	[metsʋint]
bullfinch	leevike	[le:ʋike]

seagull	kajakas	[kajakas]
albatross	albatross	[alʲbatross]
penguin	pingviin	[pingʋi:n]

91. Fish. Marine animals

bream	latikas	[latikas]
carp	karpkala	[karpkala]
perch	ahven	[ahʋen]
catfish	säga	[sæga]
pike	haug	[haug]

| salmon | lõhe | [lɜhe] |
| sturgeon | tuurakala | [tu:rakala] |

herring	heeringas	[he:ringas]
Atlantic salmon	väärislõhe	[ʋæ:rislɜhe]
mackerel	skumbria	[skumbria]
flatfish	lest	[lesʲt]

zander, pike perch	kohakala	[kohakala]
cod	tursk	[tursk]
tuna	tuunikala	[tu:nikala]
trout	forell	[forelʲ]

eel	angerjas	[angerjas]
electric ray	elektrirai	[elektrirai]
moray eel	mureen	[mure:n]
piranha	piraaja	[pira:ja]

shark	haikala	[haikala]
dolphin	delfiin	[delfi:n]
whale	vaal	[ʋa:lʲ]

crab	krabi	[krabi]
jellyfish	meduus	[medu:s]
octopus	kaheksajalg	[kaheksajalʲg]

| starfish | meritäht | [meritæht] |
| sea urchin | merisiil | [merisi:lʲ] |

seahorse	merihobuke	[merihobuke]
oyster	auster	[ausʲter]
shrimp	krevett	[kreʋett]
lobster	homaar	[homa:r]
spiny lobster	langust	[langusʲt]

92. Amphibians. Reptiles

snake	uss	[uss]
venomous (snake)	mürgine	[mʉrgine]
viper	rästik	[ræsʲtik]
cobra	kobra	[kobra]
python	püüton	[pʉ:ton]
boa	boamadu	[boamadu]
grass snake	nastik	[nasʲtik]
rattle snake	lõgismadu	[lɜgismadu]
anaconda	anakonda	[anakonda]
lizard	sisalik	[sisalik]
iguana	iguaan	[igua:n]
monitor lizard	varaan	[ʋara:n]
salamander	salamander	[salamander]
chameleon	kameeleon	[kame:leon]
scorpion	skorpion	[skorpion]
turtle	kilpkonn	[kilʲpkonn]
frog	konn	[konn]
toad	kärnkonn	[kærnkonn]
crocodile	krokodill	[krokodilʲ]

93. Insects

insect, bug	putukas	[putukas]
butterfly	liblikas	[liblikas]
ant	sipelgas	[sipelʲgas]
fly	kärbes	[kærbes]
mosquito	sääsk	[sæ:sk]
beetle	sitikas	[sitikas]
wasp	herilane	[herilane]
bee	mesilane	[mesilane]
bumblebee	metsmesilane	[metsmesilane]
gadfly (botfly)	kiin	[ki:n]
spider	ämblik	[æmblik]
spiderweb	ämblikuvõrk	[æmblikuʋɜrk]

dragonfly	**kiil**	[kiːlʲ]
grasshopper	**rohutirts**	[rohutirts]
moth (night butterfly)	**liblikas**	[liblikas]
cockroach	**tarakan**	[tarakan]
tick	**puuk**	[puːk]
flea	**kirp**	[kirp]
midge	**kihulane**	[kihulane]
locust	**rändtirts**	[rændtirts]
snail	**tigu**	[tigu]
cricket	**ritsikas**	[ritsikas]
lightning bug	**jaaniuss**	[jaːniuss]
ladybug	**lepatriinu**	[lepatriːnu]
cockchafer	**maipõrnikas**	[maipɜrnikas]
leech	**kaan**	[kaːn]
caterpillar	**tõuk**	[tɜuk]
earthworm	**vagel**	[ʋagelʲ]
larva	**tõuk**	[tɜuk]

FLORA

T&P Books Publishing

94. Trees

tree	puu	[puː]
deciduous (adj)	lehtpuu	[lehtpuː]
coniferous (adj)	okaspuu	[okaspuː]
evergreen (adj)	igihaljas	[igihaljas]

apple tree	õunapuu	[ɜunapuː]
pear tree	pirnipuu	[pirnipuː]
sweet cherry tree	murelipuu	[murelipuː]
sour cherry tree	kirsipuu	[kirsipuː]
plum tree	ploomipuu	[ploːmipuː]

birch	kask	[kask]
oak	tamm	[tamm]
linden tree	pärn	[pærn]
aspen	haav	[haːʊ]
maple	vaher	[ʋaher]

spruce	kuusk	[kuːsk]
pine	mänd	[mænt]
larch	lehis	[lehis]

fir tree	nulg	[nulʲg]
cedar	seeder	[seːder]

poplar	pappel	[pappelʲ]
rowan	pihlakas	[pihlakas]

willow	paju	[paju]
alder	lepp	[lepp]

beech	pöök	[pøːk]
elm	jalakas	[jalakas]

ash (tree)	saar	[saːr]
chestnut	kastan	[kasʲtan]

magnolia	magnoolia	[magnoːlia]
palm tree	palm	[palʲm]
cypress	küpress	[kʉpress]

mangrove	mangroovipuu	[mangroːʊipuː]
baobab	ahvileivapuu	[ahʋilejʊapuː]
eucalyptus	eukalüpt	[eukalʉpt]
sequoia	sekvoia	[sekʊoja]

95. Shrubs

| bush | põõsas | [pɜ:sas] |
| shrub | põõsastik | [pɜ:sasʲtik] |

| grapevine | viinamarjad | [ʋi:namarjat] |
| vineyard | viinamarjaistandus | [ʋi:namarjaisʲtandus] |

raspberry bush	vaarikas	[ʋa:rikas]
blackcurrant bush	mustsõstra põõsas	[musʲt sɜsʲtra pɜ:sas]
redcurrant bush	punane sõstar põõsas	[punane sɜsʲtar pɜ:sas]
gooseberry bush	karusmari	[karusmari]

acacia	akaatsia	[aka:tsia]
barberry	kukerpuu	[kukerpu:]
jasmine	jasmiin	[jasmi:n]

juniper	kadakas	[kadakas]
rosebush	roosipõõsas	[ro:sipɜ:sas]
dog rose	kibuvits	[kibuʋits]

96. Fruits. Berries

fruit	puuvili	[pu:ʋili]
fruits	puuviljad	[pu:ʋiljat]
apple	õun	[ɜun]
pear	pirn	[pirn]
plum	ploom	[plo:m]

strawberry (garden ~)	aedmaasikas	[aedma:sikas]
sour cherry	kirss	[kirss]
sweet cherry	murel	[murelʲ]
grape	viinamarjad	[ʋi:namarjat]

raspberry	vaarikas	[ʋa:rikas]
blackcurrant	must sõstar	[musʲt sɜsʲtar]
redcurrant	punane sõstar	[punane sɜsʲtar]
gooseberry	karusmari	[karusmari]
cranberry	jõhvikas	[jɜhʋikas]

orange	apelsin	[apelʲsin]
mandarin	mandariin	[mandari:n]
pineapple	ananass	[ananass]
banana	banaan	[bana:n]
date	dattel	[dattelʲ]

lemon	sidrun	[sidrun]
apricot	aprikoos	[apriko:s]
peach	virsik	[ʋirsik]

| kiwi | kiivi | [ki:ʋi] |
| grapefruit | greip | [grejp] |

berry	mari	[mari]
berries	marjad	[marjat]
cowberry	pohlad	[pohlat]
wild strawberry	maasikas	[ma:sikas]
bilberry	mustikas	[musʲtikas]

97. Flowers. Plants

| flower | lill | [liiʲ] |
| bouquet (of flowers) | lillekimp | [liiʲekimp] |

rose (flower)	roos	[ro:s]
tulip	tulp	[tulʲp]
carnation	nelk	[nelʲk]
gladiolus	gladiool	[gladio:lʲ]

cornflower	rukkilill	[rukkiliiʲ]
harebell	kellukas	[kelʲukas]
dandelion	võilill	[ʋʒiliiʲ]
camomile	karikakar	[karikakar]

aloe	aaloe	[a:loe]
cactus	kaktus	[kaktus]
rubber plant, ficus	kummipuu	[kummipu:]

lily	liilia	[li:lia]
geranium	geraanium	[gera:nium]
hyacinth	hüatsint	[hʉatsint]

mimosa	mimoos	[mimo:s]
narcissus	nartsiss	[nartsiss]
nasturtium	kress	[kress]

orchid	orhidee	[orhide:]
peony	pojeng	[pojeng]
violet	kannike	[kannike]

pansy	võõrasemad	[ʋʒ:rasemat]
forget-me-not	meelespea	[me:lespea]
daisy	margareeta	[margare:ta]

poppy	moon	[mo:n]
hemp	kanep	[kanep]
mint	piparmünt	[piparmʉnt]

| lily of the valley | maikelluke | [maikelʲuke] |
| snowdrop | lumikelluke | [lumikelʲuke] |

nettle	nõges	[nɜges]
sorrel	hapuoblikas	[hapuoblikas]
water lily	vesiroos	[ʋesiro:s]
fern	sõnajalg	[sɜnajalʲg]
lichen	samblik	[samblik]

greenhouse (tropical ~)	kasvuhoone	[kasʋuho:ne]
lawn	muru	[muru]
flowerbed	lillepeenar	[lilʲepe:nar]

plant	taim	[taim]
grass	rohi	[rohi]
blade of grass	rohulible	[rohulible]

leaf	leht	[leht]
petal	õieleht	[ɜieleht]
stem	vars	[ʋars]
tuber	sibul	[sibulʲ]

| young plant (shoot) | idu | [idu] |
| thorn | okas | [okas] |

to blossom (vi)	õitsema	[ɜitsema]
to fade, to wither	närtsima	[nærtsima]
smell (odor)	lõhn	[lɜhn]
to cut (flowers)	lõikama	[lɜikama]
to pick (a flower)	murdma	[murdma]

98. Cereals, grains

grain	vili	[ʋili]
cereal crops	teraviljad	[teraʋiljat]
ear (of barley, etc.)	kõrs	[kɜrs]

wheat	nisu	[nisu]
rye	rukis	[rukis]
oats	kaer	[kaer]

| millet | hirss | [hirss] |
| barley | oder | [oder] |

corn	mais	[mais]
rice	riis	[ri:s]
buckwheat	tatar	[tatar]

pea plant	hernes	[hernes]
kidney bean	aedoad	[aedoat]
soy	soja	[soja]
lentil	lääts	[lʲæ:ts]
beans (pulse crops)	põldoad	[pɜlʲdoat]

COUNTRIES OF
THE WORLD

T&P Books Publishing

99. Countries. Part 1

Afghanistan	**Afganistan**	[afganisˈtan]
Albania	**Albaania**	[alˈbaːnia]
Argentina	**Argentiina**	[argentiːna]
Armenia	**Armeenia**	[armeːnia]
Australia	**Austraalia**	[ausˈtraːlia]
Austria	**Austria**	[ausˈtria]
Azerbaijan	**Aserbaidžaan**	[aserbaidʒaːn]
The Bahamas	**Bahama saared**	[bahama saːret]
Bangladesh	**Bangladesh**	[bangladesh]
Belarus	**Valgevenemaa**	[valˈgevenemaː]
Belgium	**Belgia**	[belˈgia]
Bolivia	**Boliivia**	[boliːvia]
Bosnia and Herzegovina	**Bosnia ja Hertsegoviina**	[bosnia ja hertsegoviːna]
Brazil	**Brasiilia**	[brasiːlia]
Bulgaria	**Bulgaaria**	[bulˈgaːria]
Cambodia	**Kambodža**	[kambodʒa]
Canada	**Kanada**	[kanada]
Chile	**Tšiili**	[tʃiːli]
China	**Hiina**	[hiːna]
Colombia	**Kolumbia**	[kolumbia]
Croatia	**Kroaatia**	[kroaːtia]
Cuba	**Kuuba**	[kuːba]
Cyprus	**Küpros**	[kʉpros]
Czech Republic	**Tšehhia**	[tʃehhia]
Denmark	**Taani**	[taːni]
Dominican Republic	**Dominikaani Vabariik**	[dominikaːni vabariːk]
Ecuador	**Ecuador**	[ekuador]
Egypt	**Egiptus**	[egiptus]
England	**Inglismaa**	[inglismaː]
Estonia	**Eesti**	[eːsˈti]
Finland	**Soome**	[soːme]
France	**Prantsusmaa**	[prantsusmaː]
French Polynesia	**Prantsuse Polüneesia**	[prantsuse polʉneːsia]
Georgia	**Gruusia**	[gruːsia]
Germany	**Saksamaa**	[saksamaː]
Ghana	**Gaana**	[gaːna]
Great Britain	**Suurbritannia**	[suːrbritannia]
Greece	**Kreeka**	[kreːka]
Haiti	**Haiiti**	[haiːti]
Hungary	**Ungari**	[ungari]

100. Countries. Part 2

Iceland	Island	[islant]
India	India	[india]
Indonesia	Indoneesia	[indone:sia]
Iran	Iraan	[ira:n]
Iraq	Iraak	[ira:k]
Ireland	Iirimaa	[i:rima:]
Israel	Iisrael	[i:sraelʲ]
Italy	Itaalia	[ita:lia]

Jamaica	Jamaika	[jamaika]
Japan	Jaapan	[ja:pan]
Jordan	Jordaania	[jorda:nia]
Kazakhstan	Kasahstan	[kasahsʲtan]
Kenya	Keenia	[ke:nia]
Kirghizia	Kõrgõzstan	[kɜrgɜsʲtan]
Kuwait	Kuveit	[kuʋejt]
Laos	Laos	[laos]
Latvia	Läti	[lʲæti]
Lebanon	Liibanon	[li:banon]
Libya	Liibüa	[li:bʉa]
Liechtenstein	Liechtenstein	[lihtenʃtejn]
Lithuania	Leedu	[le:du]
Luxembourg	Luxembourg	[luksembourg]

Macedonia (Republic of ~)	Makedoonia	[makedo:nia]
Madagascar	Madagaskar	[madagaskar]
Malaysia	Malaisia	[malaisia]
Malta	Malta	[malʲta]
Mexico	Mehhiko	[mehhiko]
Moldova, Moldavia	Moldova	[molʲdoʋa]

Monaco	Monaco	[monako]
Mongolia	Mongoolia	[mongo:lia]
Montenegro	Montenegro	[montenegro]
Morocco	Maroko	[maroko]
Myanmar	Mjanma	[mjanma]
Namibia	Namiibia	[nami:bia]
Nepal	Nepal	[nepalʲ]
Netherlands	Madalmaad	[madalʲma:t]
New Zealand	Uus Meremaa	[u:s merema:]
North Korea	Põhja-Korea	[pɜhja-korea]
Norway	Norra	[norra]

101. Countries. Part 3

| Pakistan | Pakistan | [pakisʲtan] |
| Palestine | Palestiina autonoomia | [palesʲti:na autono:mia] |

Panama	Panama	[panama]
Paraguay	Paraguai	[paraguai]
Peru	Peruu	[peru:]
Poland	Poola	[po:la]
Portugal	Portugal	[portugalʲ]
Romania	Rumeenia	[rume:nia]
Russia	Venemaa	[venema:]

Saudi Arabia	Saudi Araabia	[saudi ara:bia]
Scotland	Šotimaa	[ʃotima:]
Senegal	Senegal	[senegalʲ]
Serbia	Serbia	[serbia]
Slovakia	Slovakkia	[slovakkia]
Slovenia	Sloveenia	[slove:nia]

South Africa	Lõuna-Aafrika Vabariik	[lɜuna-a:frika vabari:k]
South Korea	Lõuna-Korea	[lɜuna-korea]
Spain	Hispaania	[hispa:nia]
Suriname	Suriname	[suriname]
Sweden	Rootsi	[ro:tsi]
Switzerland	Šveits	[ʃvejts]
Syria	Süüria	[sʉ:ria]

Taiwan	Taivan	[taivan]
Tajikistan	Tadžikistan	[tadʒikisʲtan]
Tanzania	Tansaania	[tansa:nia]
Tasmania	Tasmaania	[tasma:nia]
Thailand	Tai	[tai]
Tunisia	Tuneesia	[tune:sia]
Turkey	Türgi	[tʉrgi]
Turkmenistan	Türkmenistan	[tʉrkmenisʲtan]

Ukraine	Ukraina	[ukraina]
United Arab Emirates	Araabia Ühendemiraadid	[ara:bia ʉhendemira:dit]
United States of America	Ameerika Ühendriigid	[ame:rika ʉhendri:git]
Uruguay	Uruguai	[uruguai]
Uzbekistan	Usbekistan	[usbekisʲtan]

Vatican	Vatikan	[vatikan]
Venezuela	Venetsueela	[venetsue:la]
Vietnam	Vietnam	[vietnam]
Zanzibar	Sansibar	[sansibar]

GASTRONOMIC GLOSSARY

This section contains a lot of words and terms associated with food. This dictionary will make it easier for you to understand the menu at a restaurant and choose the right dish

T&P Books Publishing

English-Estonian gastronomic glossary

aftertaste	**kõrvalmaitse**	[kɜrʋalʲmaitse]
almond	**mandlipähkel**	[mantlipæhkelʲ]
anise	**aniis**	[ani:s]
aperitif	**aperitiiv**	[aperiti:ʋ]
appetite	**söögiisu**	[sø:gi:su]
appetizer	**suupiste**	[su:pisʲte]
apple	**õun**	[ɜun]
apricot	**aprikoos**	[apriko:s]
artichoke	**artišokk**	[artiʃokk]
asparagus	**aspar**	[aspar]
Atlantic salmon	**väärislõhe**	[ʋæ:rislɜhe]
avocado	**avokaado**	[aʋoka:do]
bacon	**peekon**	[pe:kon]
banana	**banaan**	[bana:n]
barley	**oder**	[oder]
bartender	**baarimees**	[ba:rime:s]
basil	**basiilik**	[basi:lik]
bay leaf	**loorber**	[lo:rber]
beans	**oad**	[oat]
beef	**loomaliha**	[lo:maliha]
beer	**õlu**	[ɜlu]
beetroot	**peet**	[pe:t]
bell pepper	**pipar**	[pipar]
berries	**marjad**	[marjat]
berry	**mari**	[mari]
bilberry	**mustikas**	[musʲtikas]
birch bolete	**kasepuravik**	[kasepuraʋik]
bitter	**mõru**	[mɜru]
black coffee	**must kohv**	[musʲt kohʋ]
black pepper	**must pipar**	[musʲt pipar]
black tea	**must tee**	[musʲt te:]
blackberry	**põldmari**	[pɜlʲdmari]
blackcurrant	**must sõstar**	[musʲt sɜsʲtar]
boiled	**keedetud**	[ke:detut]
bottle opener	**pudeliavaja**	[pudeliaʋaja]
bread	**leib**	[lejb]
breakfast	**hommikusöök**	[hommikusø:k]
bream	**latikas**	[latikas]
broccoli	**brokkoli**	[brokkoli]
Brussels sprouts	**brüsseli kapsas**	[brʉsseli kapsas]
buckwheat	**tatar**	[tatar]
butter	**või**	[ʋɜi]
buttercream	**kreem**	[kre:m]
cabbage	**kapsas**	[kapsas]

cake	kook	[koːk]
cake	tort	[tort]
calorie	kalor	[kalor]
can opener	konserviavaja	[konserʋiaʋaja]
candy	komm	[komm]
canned food	konservid	[konserʋit]
cappuccino	koorega kohv	[koːrega kohʋ]
caraway	köömned	[køːmnet]
carbohydrates	süsivesikud	[sʉsiʋesikut]
carbonated	gaseeritud	[gaseːritut]
carp	karpkala	[karpkala]
carrot	porgand	[porgant]
catfish	säga	[sæga]
cauliflower	lillkapsas	[lilʲkapsas]
caviar	kalamari	[kalamari]
celery	seller	[selʲer]
cep	kivipuravik	[kiʋipuraʋik]
cereal crops	teraviljad	[teraʋiljat]
cereal grains	tangud	[tangut]
champagne	šampus	[ʃampus]
chanterelle	kukeseen	[kukeseːn]
check	arve	[arʋe]
cheese	juust	[juːsʲt]
chewing gum	närimiskumm	[nærimiskumm]
chicken	kana	[kana]
chocolate	šokolaad	[ʃokolaːt]
chocolate	šokolaadi-	[ʃokolaːdi-]
cinnamon	kaneel	[kaneːlʲ]
clear soup	puljong	[puljong]
cloves	nelk	[nelʲk]
cocktail	kokteil	[koktejlʲ]
coconut	kookospähkel	[koːkospæhkelʲ]
cod	tursk	[tursk]
coffee	kohv	[kohʋ]
coffee with milk	piimaga kohv	[piːmaga kohʋ]
cognac	konjak	[konjak]
cold	külm	[kʉlʲm]
condensed milk	kondenspiim	[kondenspiːm]
condiment	maitseaine	[maitseaine]
confectionery	kondiitritooted	[kondiːtrito:tet]
cookies	küpsis	[kʉpsis]
coriander	koriander	[koriander]
corkscrew	korgitser	[korgitser]
corn	mais	[mais]
corn	mais	[mais]
cornflakes	maisihelbed	[maisihelʲbet]
course, dish	roog	[roːg]
cowberry	pohlad	[pohlat]
crab	krabi	[krabi]
cranberry	jõhvikas	[jɜhʋikas]
cream	koor	[koːr]
crumb	puru	[puru]

crustaceans	koorikloomad	[ko:riklo:mat]
cucumber	kurk	[kurk]
cuisine	köök	[kø:k]
cup	tass	[tass]
dark beer	tume õlu	[tume ɜlu]
date	dattel	[dattelʲ]
death cap	sitaseen	[sitase:n]
dessert	magustoit	[magusʲtojt]
diet	dieet	[die:t]
dill	till	[tilʲ]
dinner	õhtusöök	[ɜhtusø:k]
dried	kuivatatud	[kuiʋatatut]
drinking water	joogivesi	[jo:giʋesi]
duck	part	[part]
ear	kõrs	[kɜrs]
edible mushroom	söödav seen	[sø:daʋ se:n]
eel	angerjas	[angerjas]
egg	muna	[muna]
egg white	munavalge	[munaʋalʲge]
egg yolk	munakollane	[munakolʲæne]
eggplant	baklažaan	[baklaʒa:n]
eggs	munad	[munat]
Enjoy your meal!	Head isu!	[heat isu!]
fats	rasvad	[rasʋat]
fig	ingver	[inguer]
filling	täidis	[tæjdis]
fish	kala	[kala]
flatfish	lest	[lesʲt]
flour	jahu	[jahu]
fly agaric	kärbseseen	[kærbsese:n]
food	söök	[sø:k]
fork	kahvel	[kahʋelʲ]
freshly squeezed juice	värskelt pressitud mahl	[ʋærskelʲt pressitut mahlʲ]
fried	praetud	[praetut]
fried eggs	munaroog	[munaro:g]
frozen	külmutatud	[kʉlʲmutatut]
fruit	puuvili	[pu:ʋili]
fruits	puuviljad	[pu:ʋiljat]
game	metslinnud	[metslinnut]
gammon	sink	[sink]
garlic	küüslauk	[kʉ:slauk]
gin	džinn	[dʒinn]
ginger	ingver	[inguer]
glass	klaas	[kla:s]
glass	veiniklaas	[ʋejnikla:s]
goose	hani	[hani]
gooseberry	karusmari	[karusmari]
grain	vili	[ʋili]
grape	viinamarjad	[ʋi:namarjat]
grapefruit	greip	[grejp]
green tea	roheline tee	[roheline te:]
greens	maitseroheline	[maitseroheline]

halibut	**paltus**	[palʲtus]
ham	**sink**	[sink]
hamburger	**hakkliha**	[hakkliha]
hamburger	**hamburger**	[hamburger]
hazelnut	**sarapuupähkel**	[sarapu:pæhkelʲ]
herring	**heeringas**	[he:ringas]
honey	**mesi**	[mesi]
horseradish	**mädarõigas**	[mædarɜigas]
hot	**kuum**	[ku:m]
ice	**jää**	[jæ:]
ice-cream	**jäätis**	[jæ:tis]
instant coffee	**lahustuv kohv**	[lahusʲtuʊ kohʊ]
jam	**džemm**	[dʒemm]
jam	**moos**	[mo:s]
juice	**mahl**	[mahlʲ]
kidney bean	**aedoad**	[aedoat]
kiwi	**kiivi**	[ki:ʊi]
knife	**nuga**	[nuga]
lamb	**lambaliha**	[lambaliha]
lemon	**sidrun**	[sidrun]
lemonade	**limonaad**	[limona:t]
lentil	**lääts**	[lʲæ:ts]
lettuce	**salat**	[salat]
light beer	**hele õlu**	[hele ɜlu]
liqueur	**liköör**	[likø:r]
liquors	**alkohoolsed joogid**	[alʲkoho:lʲset jo:git]
liver	**maks**	[maks]
lunch	**lõuna**	[lɜuna]
mackerel	**skumbria**	[skumbria]
mandarin	**mandariin**	[mandari:n]
mango	**mango**	[mango]
margarine	**margariin**	[margari:n]
marmalade	**marmelaad**	[marmela:t]
mashed potatoes	**kartulipüree**	[kartulipʉre:]
mayonnaise	**majonees**	[majone:s]
meat	**liha**	[liha]
melon	**melon**	[melon]
menu	**menüü**	[menʉ:]
milk	**piim**	[pi:m]
milkshake	**piimakokteil**	[pi:makoktejlʲ]
millet	**hirss**	[hirss]
mineral water	**mineraalvesi**	[minera:lʲʊesi]
morel	**mürkel**	[mʉrkelʲ]
mushroom	**seen**	[se:n]
mustard	**sinep**	[sinep]
non-alcoholic	**alkoholivaba**	[alʲkoholiʊaba]
noodles	**lintnuudlid**	[lintnu:tlit]
oats	**kaer**	[kaer]
olive oil	**oliivõli**	[oli:ʊɜli]
olives	**oliivid**	[oli:ʊit]
omelet	**omlett**	[omlett]
onion	**sibul**	[sibulʲ]

orange	apelsin	[apelʲsin]
orange juice	apelsinimahl	[apelʲsinimahlʲ]
orange-cap boletus	haavapuravik	[ha:ʋapuraʋik]
oyster	auster	[ausʲter]
pâté	pasteet	[pasʲte:t]
papaya	papaia	[papaia]
paprika	paprika	[paprika]
parsley	petersell	[peterselʲ]
pasta	makaronid	[makaronit]
pea	hernes	[hernes]
peach	virsik	[ʋirsik]
peanut	maapähkel	[ma:pæhkelʲ]
pear	pirn	[pirn]
peel	koor	[ko:r]
perch	ahven	[ahʋen]
pickled	marineeritud	[marine:ritut]
pie	pirukas	[pirukas]
piece	tükk	[tʉkk]
pike	haug	[haug]
pike perch	kohakala	[kohakala]
pineapple	ananass	[ananass]
pistachios	pistaatsiapähkel	[pisʲta:tsiapæhkelʲ]
pizza	pitsa	[pitsa]
plate	taldrik	[talʲdrik]
plum	ploom	[plo:m]
poisonous mushroom	mürgine seen	[mʉrgine se:n]
pomegranate	granaatõun	[grana:tɜun]
pork	sealiha	[sealiha]
porridge	puder	[puder]
portion	portsjon	[portsjon]
potato	kartul	[kartulʲ]
proteins	valgud	[ʋalʲgut]
pub, bar	baar	[ba:r]
pumpkin	kõrvits	[kɜrʋits]
rabbit	küülik	[kʉ:lik]
radish	redis	[redis]
raisin	rosinad	[rosinat]
raspberry	vaarikas	[ʋa:rikas]
recipe	retsept	[retsept]
red pepper	punane pipar	[punane pipar]
red wine	punane vein	[punane ʋejn]
redcurrant	punane sõstar	[punane sɜsʲtar]
refreshing drink	karastusjook	[karasʲtusjo:k]
rice	riis	[ri:s]
rum	rumm	[rumm]
russula	pilvik	[pilʲʋik]
rye	rukis	[rukis]
saffron	safran	[safran]
salad	salat	[salat]
salmon	lõhe	[lɜhe]
salt	sool	[so:lʲ]
salty	soolane	[so:lane]

sandwich	võileib	[ʊɜjlejb]
sardine	sardiin	[sardiːn]
sauce	kaste	[kasʲte]
saucer	alustass	[alusʲtass]
sausage	vorst	[ʊorsʲt]
seafood	mereannid	[mereannit]
sesame	seesamiseemned	[seːsamiseːmnet]
shark	haikala	[haikala]
shrimp	krevett	[kreʊett]
side dish	lisand	[lisant]
slice	viil	[ʊiːlʲ]
smoked	suitsutatud	[suitsutatut]
soft drink	alkoholivaba jook	[alʲkoholiʊaba joːk]
soup	supp	[supp]
soup spoon	supilusikas	[supilusikas]
sour cherry	kirss	[kirss]
sour cream	hapukoor	[hapukoːr]
soy	soja	[soja]
spaghetti	spagetid	[spagetit]
sparkling	gaasiga	[gaːsiga]
spice	vürts	[ʊɥrts]
spinach	spinat	[spinat]
spiny lobster	langust	[langusʲt]
spoon	lusikas	[lusikas]
squid	kalmaar	[kalʲmaːr]
steak	biifsteek	[biːfsʲteːk]
still	gaasita	[gaːsita]
strawberry	aedmaasikas	[aedmaːsikas]
sturgeon	tuurakala	[tuːrakala]
sugar	suhkur	[suhkur]
sunflower oil	päevalilleõli	[pæeʊalilʲeɜli]
sweet	magus	[magus]
sweet cherry	murel	[murelʲ]
taste, flavor	maitse	[maitse]
tasty	maitsev	[maitseʊ]
tea	tee	[teː]
teaspoon	teelusikas	[teːlusikas]
tip	jootraha	[joːtraha]
tomato	tomat	[tomat]
tomato juice	tomatimahl	[tomatimahlʲ]
tongue	keel	[keːlʲ]
toothpick	hambaork	[hambaork]
trout	forell	[forelʲ]
tuna	tuunikala	[tuːnikala]
turkey	kalkun	[kalʲkun]
turnip	naeris	[naeris]
veal	vasikaliha	[ʊasikaliha]
vegetable oil	taimeõli	[taimeɜli]
vegetables	juurviljad	[juːrʊiljat]
vegetarian	taimetoitlane	[taimetojtlane]
vegetarian	taimetoitluslik	[taimetojtluslik]
vermouth	vermut	[ʊermut]

vienna sausage	viiner	[ʋiːner]
vinegar	äädikas	[æːdikas]
vitamin	vitamiin	[ʋitamiːn]
vodka	viin	[ʋiːn]
waffles	vahvlid	[ʋahʋulit]
waiter	kelner	[kelʲner]
waitress	ettekandja	[ettekandja]
walnut	kreeka pähkel	[kreːka pæhkelʲ]
water	vesi	[ʋesi]
watermelon	arbuus	[arbuːs]
wheat	nisu	[nisu]
whiskey	viski	[ʋiski]
white wine	valge vein	[ʋalʲge ʋejn]
wild strawberry	maasikas	[maːsikas]
wine	vein	[ʋejn]
wine list	veinikaart	[ʋejnikaːrt]
with ice	jääga	[jæːga]
yogurt	jogurt	[jogurt]
zucchini	suvikõrvits	[suʋikɜrʋits]

Estonian-English gastronomic glossary

Estonian	IPA	English
äädikas	[æ:dikas]	vinegar
õhtusöök	[ɜhtusø:k]	dinner
õlu	[ɜlu]	beer
õun	[ɜun]	apple
šampus	[ʃampus]	champagne
šokolaad	[ʃokola:t]	chocolate
šokolaadi-	[ʃokola:di-]	chocolate
aedmaasikas	[aedma:sikas]	strawberry
aedoad	[aedoat]	kidney bean
ahven	[ahʊen]	perch
alkoholivaba	[alʲkoholiʊaba]	non-alcoholic
alkoholivaba jook	[alʲkoholiʊaba jo:k]	soft drink
alkoholsed joogid	[alʲkoho:lʲset jo:git]	liquors
alustass	[alusʲtass]	saucer
ananass	[ananass]	pineapple
angerjas	[angerjas]	eel
aniis	[ani:s]	anise
apelsin	[apelʲsin]	orange
apelsinimahl	[apelʲsinimahlʲ]	orange juice
aperitiiv	[aperiti:ʊ]	aperitif
aprikoos	[apriko:s]	apricot
arbuus	[arbu:s]	watermelon
artišokk	[artiʃokk]	artichoke
arve	[arʊe]	check
aspar	[aspar]	asparagus
auster	[ausʲter]	oyster
avokaado	[aʊoka:do]	avocado
baar	[ba:r]	pub, bar
baarimees	[ba:rime:s]	bartender
baklažaan	[baklaʒa:n]	eggplant
banaan	[bana:n]	banana
basiilik	[basi:lik]	basil
biifsteek	[bi:fsʲte:k]	steak
brüsseli kapsas	[brʉsseli kapsas]	Brussels sprouts
brokkoli	[brokkoli]	broccoli
džemm	[ʤemm]	jam
džinn	[ʤinn]	gin
dattel	[dattelʲ]	date
dieet	[die:t]	diet
ettekandja	[ettekandja]	waitress
forell	[forelʲ]	trout
gaasiga	[ga:siga]	sparkling
gaasita	[ga:sita]	still
gaseeritud	[gase:ritut]	carbonated

203

granaatõun	[grana:tʒun]	pomegranate
greip	[grejp]	grapefruit
haavapuravik	[ha:ʊapuraʊik]	orange-cap boletus
haikala	[haikala]	shark
hakkliha	[hakkliha]	hamburger
hambaork	[hambaork]	toothpick
hamburger	[hamburger]	hamburger
hani	[hani]	goose
hapukoor	[hapuko:r]	sour cream
haug	[haug]	pike
Head isu!	[heat isu!]	Enjoy your meal!
heeringas	[he:ringas]	herring
hele õlu	[hele ʒlu]	light beer
hernes	[hernes]	pea
hirss	[hirss]	millet
hommikusöök	[hommikusø:k]	breakfast
ingver	[inguer]	fig
ingver	[inguer]	ginger
jää	[jæ:]	ice
jääga	[jæ:ga]	with ice
jäätis	[jæ:tis]	ice-cream
jõhvikas	[jʒhuikas]	cranberry
jahu	[jahu]	flour
jogurt	[jogurt]	yogurt
joogivesi	[jo:giuesi]	drinking water
jootraha	[jo:traha]	tip
juurviljad	[ju:ruiljat]	vegetables
juust	[ju:sʲt]	cheese
kärbseseen	[kærbsese:n]	fly agaric
kõrs	[kʒrs]	ear
kõrvalmaitse	[kʒrualʲmaitse]	aftertaste
kõrvits	[kʒruits]	pumpkin
köök	[kø:k]	cuisine
köömned	[kø:mnet]	caraway
küülik	[kʉ:lik]	rabbit
küüslauk	[kʉ:slauk]	garlic
külm	[kʉlʲm]	cold
külmutatud	[kʉlʲmutatut]	frozen
küpsis	[kʉpsis]	cookies
kaer	[kaer]	oats
kahvel	[kahuelʲ]	fork
kala	[kala]	fish
kalamari	[kalamari]	caviar
kalkun	[kalʲkun]	turkey
kalmaar	[kalʲma:r]	squid
kalor	[kalor]	calorie
kana	[kana]	chicken
kaneel	[kane:lʲ]	cinnamon
kapsas	[kapsas]	cabbage
karastusjook	[karasʲtusjo:k]	refreshing drink
karpkala	[karpkala]	carp
kartul	[kartulʲ]	potato

kartulipüree	[kartulipʉre:]	mashed potatoes
karusmari	[karusmari]	gooseberry
kasepuravik	[kasepuravik]	birch bolete
kaste	[kasʲte]	sauce
keedetud	[ke:detut]	boiled
keel	[ke:lʲ]	tongue
kelner	[kelʲner]	waiter
kiivi	[ki:vi]	kiwi
kirss	[kirss]	sour cherry
kivipuravik	[kivipuravik]	cep
klaas	[kla:s]	glass
kohakala	[kohakala]	pike perch
kohv	[kohv]	coffee
kokteil	[koktejlʲ]	cocktail
komm	[komm]	candy
kondenspiim	[kondenspi:m]	condensed milk
kondiitritooted	[kondi:trito:tet]	confectionery
konjak	[konjak]	cognac
konserviavaja	[konserviavaja]	can opener
konservid	[konservit]	canned food
kook	[ko:k]	cake
kookospähkel	[ko:kospæhkelʲ]	coconut
koor	[ko:r]	cream
koor	[ko:r]	peel
koorega kohv	[ko:rega kohv]	cappuccino
koorikloomad	[ko:riklo:mat]	crustaceans
korgitser	[korgitser]	corkscrew
koriander	[koriander]	coriander
krabi	[krabi]	crab
kreeka pähkel	[kre:ka pæhkelʲ]	walnut
kreem	[kre:m]	buttercream
krevett	[krevett]	shrimp
kuivatatud	[kuivatatut]	dried
kukeseen	[kukese:n]	chanterelle
kurk	[kurk]	cucumber
kuum	[ku:m]	hot
lääts	[lʲæ:ts]	lentil
lõhe	[lɜhe]	salmon
lõuna	[lɜuna]	lunch
lahustuv kohv	[lahusʲtuv kohv]	instant coffee
lambaliha	[lambaliha]	lamb
langust	[langusʲt]	spiny lobster
latikas	[latikas]	bream
leib	[lejb]	bread
lest	[lesʲt]	flatfish
liha	[liha]	meat
liköör	[likø:r]	liqueur
lillkapsas	[lilʲkapsas]	cauliflower
limonaad	[limona:t]	lemonade
lintnuudlid	[lintnu:tlit]	noodles
lisand	[lisant]	side dish
loomaliha	[lo:maliha]	beef

loorber	[lo:rber]	bay leaf
lusikas	[lusikas]	spoon
mädarõigas	[mædarɜigas]	horseradish
mõru	[mɜru]	bitter
mürgine seen	[mʉrgine se:n]	poisonous mushroom
mürkel	[mʉrkelʲ]	morel
maapähkel	[ma:pæhkelʲ]	peanut
maasikas	[ma:sikas]	wild strawberry
magus	[magus]	sweet
magustoit	[magusʲtojt]	dessert
mahl	[mahlʲ]	juice
mais	[mais]	corn
mais	[mais]	corn
maisihelbed	[maisihelʲbet]	cornflakes
maitse	[maitse]	taste, flavor
maitseaine	[maitseaine]	condiment
maitseroheline	[maitseroheline]	greens
maitsev	[maitseʋ]	tasty
majonees	[majone:s]	mayonnaise
makaronid	[makaronit]	pasta
maks	[maks]	liver
mandariin	[mandari:n]	mandarin
mandlipähkel	[mantlipæhkelʲ]	almond
mango	[mango]	mango
margariin	[margari:n]	margarine
mari	[mari]	berry
marineeritud	[marine:ritut]	pickled
marjad	[marjat]	berries
marmelaad	[marmela:t]	marmalade
melon	[melon]	melon
menüü	[menʉ:]	menu
mereannid	[mereannit]	seafood
mesi	[mesi]	honey
metslinnud	[metslinnut]	game
mineraalvesi	[minera:lʲʋesi]	mineral water
moos	[mo:s]	jam
muna	[muna]	egg
munad	[munat]	eggs
munakollane	[munakolʲæne]	egg yolk
munaroog	[munaro:g]	fried eggs
munavalge	[munaʋalʲge]	egg white
murel	[murelʲ]	sweet cherry
must kohv	[musʲt kohʋ]	black coffee
must pipar	[musʲt pipar]	black pepper
must sõstar	[musʲt sɜsʲtar]	blackcurrant
must tee	[musʲt te:]	black tea
mustikas	[musʲtikas]	bilberry
närimiskumm	[nærimiskumm]	chewing gum
naeris	[naeris]	turnip
nelk	[nelʲk]	cloves
nisu	[nisu]	wheat
nuga	[nuga]	knife

oad	[oat]	beans
oder	[oder]	barley
oliivõli	[oli:ʊɜli]	olive oil
oliivid	[oli:ʊit]	olives
omlett	[omlett]	omelet
päevalilleõli	[pæeʊaliⁱleɜli]	sunflower oil
põldmari	[pɜlʲdmari]	blackberry
paltus	[palʲtus]	halibut
papaia	[papaia]	papaya
paprika	[paprika]	paprika
part	[part]	duck
pasteet	[pasʲte:t]	pâté
peekon	[pe:kon]	bacon
peet	[pe:t]	beetroot
petersell	[peterselʲ]	parsley
piim	[pi:m]	milk
piimaga kohv	[pi:maga kohʊ]	coffee with milk
piimakokteil	[pi:makoktejlʲ]	milkshake
pilvik	[pilʲʊik]	russula
pipar	[pipar]	bell pepper
pirn	[pirn]	pear
pirukas	[pirukas]	pie
pistaatsiapähkel	[pisʲta:tsiapæhkelʲ]	pistachios
pitsa	[pitsa]	pizza
ploom	[plo:m]	plum
pohlad	[pohlat]	cowberry
porgand	[porgant]	carrot
portsjon	[portsjon]	portion
praetud	[praetut]	fried
pudeliavaja	[pudeliaʊaja]	bottle opener
puder	[puder]	porridge
puljong	[puljong]	clear soup
punane pipar	[punane pipar]	red pepper
punane sõstar	[punane sɜsʲtar]	redcurrant
punane vein	[punane ʊejn]	red wine
puru	[puru]	crumb
puuvili	[pu:ʊili]	fruit
puuviljad	[pu:ʊiljat]	fruits
rasvad	[rasʊat]	fats
redis	[redis]	radish
retsept	[retsept]	recipe
riis	[ri:s]	rice
roheline tee	[roheline te:]	green tea
roog	[ro:g]	course, dish
rosinad	[rosinat]	raisin
rukis	[rukis]	rye
rumm	[rumm]	rum
säga	[sæga]	catfish
söödav seen	[sø:daʊ se:n]	edible mushroom
söögiisu	[sø:gi:su]	appetite
söök	[sø:k]	food
süsivesikud	[sʉsiʊesikut]	carbohydrates

safran	[safran]	saffron
salat	[salat]	lettuce
salat	[salat]	salad
sarapuupähkel	[sarapu:pæhkelʲ]	hazelnut
sardiin	[sardi:n]	sardine
sealiha	[sealiha]	pork
seen	[se:n]	mushroom
seesamiseemned	[se:samise:mnet]	sesame
seller	[selʲer]	celery
sibul	[sibulʲ]	onion
sidrun	[sidrun]	lemon
sinep	[sinep]	mustard
sink	[sink]	ham
sink	[sink]	gammon
sitaseen	[sitase:n]	death cap
skumbria	[skumbria]	mackerel
soja	[soja]	soy
sool	[so:lʲ]	salt
soolane	[so:lane]	salty
spagetid	[spagetit]	spaghetti
spinat	[spinat]	spinach
suhkur	[suhkur]	sugar
suitsutatud	[suitsutatut]	smoked
supilusikas	[supilusikas]	soup spoon
supp	[supp]	soup
suupiste	[su:pisʲte]	appetizer
suvikõrvits	[suʋikɜrʋits]	zucchini
täidis	[tæjdis]	filling
tükk	[tʉkk]	piece
taimeõli	[taimeɜli]	vegetable oil
taimetoitlane	[taimetojtlane]	vegetarian
taimetoitluslik	[taimetojtluslik]	vegetarian
taldrik	[talʲdrik]	plate
tangud	[tangut]	cereal grains
tass	[tass]	cup
tatar	[tatar]	buckwheat
tee	[te:]	tea
teelusikas	[te:lusikas]	teaspoon
teraviljad	[teraʋiljat]	cereal crops
till	[tilʲ]	dill
tomat	[tomat]	tomato
tomatimahl	[tomatimahlʲ]	tomato juice
tort	[tort]	cake
tume õlu	[tume ɜlu]	dark beer
tursk	[tursk]	cod
tuunikala	[tu:nikala]	tuna
tuurakala	[tu:rakala]	sturgeon
väärislõhe	[ʋæ:rislɜhe]	Atlantic salmon
värskelt pressitud mahl	[ʋærskelʲt pressitut mahlʲ]	freshly squeezed juice
või	[ʋɜi]	butter
võileib	[ʋɜjlejb]	sandwich
vürts	[ʋʉrts]	spice

vaarikas	[ʋaːrikas]	raspberry
vahvlid	[ʋahʋlit]	waffles
valge vein	[ʋalʲge ʋejn]	white wine
valgud	[ʋalʲgut]	proteins
vasikaliha	[ʋasikaliha]	veal
vein	[ʋejn]	wine
veinikaart	[ʋejnikaːrt]	wine list
veiniklaas	[ʋejniklaːs]	glass
vermut	[ʋermut]	vermouth
vesi	[ʋesi]	water
viil	[ʋiːlʲ]	slice
viin	[ʋiːn]	vodka
viinamarjad	[ʋiːnamarjat]	grape
viiner	[ʋiːner]	vienna sausage
vili	[ʋili]	grain
virsik	[ʋirsik]	peach
viski	[ʋiski]	whiskey
vitamiin	[ʋitamiːn]	vitamin
vorst	[ʋorsʲt]	sausage

Made in the USA
Middletown, DE
22 August 2017